KB028713

분양의 세계

분양의 세계

초판 1쇄 인쇄 2021년 3월 2일
1쇄 발행 2021년 3월 15일

지은이 **박병주**

펴낸이 **우세웅**
책임편집 **김은지**
기획편집 **장보연**
콘텐츠기획·홍보 **박서영**
북디자인 **박정호**

종이 **앤페이퍼**
인쇄 **㈜다온피앤피**

펴낸곳 **슬로디미디어그룹**
신고번호 **제25100-2017-000035호**
신고년월일 **2017년 6월 13일**
주소 **서울특별시 마포구 월드컵북로 400, 상암동 서울산업진흥원(문화콘텐츠센터)5층 20호**

전화 **02)493-7780**
팩스 **0303)3442-7780**
전자우편 **slody925@gmail.com(원고투고·사업제휴)**
홈페이지 **slodymedia.modoo.at**
블로그 **slodymedia.xyz**
페이스북,인스타그램 **slodymedia**

ISBN 979-11-88977-72-7 (03320)

※이 도서의 국립중앙도서관 출판예정도서목록(CIP)은 서지정보유통지원시스템 홈페이지(http://seoji.nl.go.kr)와 국가자료공동목록시스템(http://www.nl.go.kr/kolisnet)에서 이용하실 수 있습니다.

※잘못된 책은 구입하신 서점에서 교환해 드립니다.

20년 경력의
분양 상담사가
알려 주는
대한민국 부동산

분양의 세계

박병주 지음

THE WORLD OF DISTRIBUTION

슬로디미디어

프롤로그

"4년 전에 우연히 박 본부장님을 만나고 제 인생이 바뀌었어요.", "첫 달에 380만 원을 벌었고, 다음 달에 210만 원을 벌었어요. 그리고 지금은 기본적으로 300~600만 원 정도 벌어요. 시작한 지 1년이 안 되었는데 이건 저에게 기적이에요.", "분양 영업에 대해 배우니 길이 보여요. '나도 할 수 있고, 해낼 수 있다.'라는 용기를 얻었고, 행동으로 옮길 수 있게 되었어요."

나를 만난 사람들이 주로 하는 말이다. 나는 현재 20년 넘게 분양업에 종사하고 있으며, '성공 분양 파트너'를 통해 분양업에 관심 있는 분들을 대상으로 교육과 컨설팅을 진행하고 있다.

나는 2018년부터 모델 하우스 분양에 대한 소소한 생각과 경험을 블로그에 올리기 시작했다. 블로그에는 부동산 관련 직업을 찾던 도중 우연히 방문했다며 반가워하는 분, 부동산 관련해 답답함을 해소하고 싶다며 문의하는 분 등 다양한 사람이 오간다. 나는 그들의 이야기를 들으며, 분양업을 편향된 시각으로 바라보는 사람이 많다는 걸 느꼈다. 사람들은 일반적으로 분양업에 대해 어떻게 생각하는 걸까? 인터넷에 떠다니는 정보를 보니, 분양업에 오해가 많다는 걸 알 수 있었다. 그래서 나는 편견을 없애기 위해 사람들과 소통하고, 소그룹 세미나를 열어 직접 만나기도 했다.

나는 전문 강사도 아니고 작가도 아니다. 그러나 부동산 분야에서 20년 넘게 일하고 있는 사람으로 나름의 경험과 지식, 깨달음이 있다. 나는 이러한 정보와 깨달음을 되도록 많은 분과 나누고 싶으며, 유용하게 사용되길 바란다. 물론, 동시에 내 생각도 정리하고 싶었다. 흩어진 지식을 실로 꿰어 한 단계 성장하고 싶다.

이 책은 크게 세 부분으로 나뉜다. 1부는 모델 하우스 분양 속 다양한 직업군을 소개한다. 분양업과 관련한 직업은 4차 산업 혁명으로 인해 대체되거나 사라지지 않을 미래 직업임을 밝히고 싶다. 2부는 분양업에 대한 불편한 진실과 오해에 대해, 3부는 분양업에 종사하기 위해서는 무엇을 준비해야 할지에 대한 가이드라인을 제시한다. 이 책에는 현장에서 일하며 겪은 실제 사례와 현실적인 팁을 담았다. 또한, 최신의 부동산 트렌드도 다루고 있으니, 부동산에 처음 투자하는 분들과 미래 직업을 찾는 분들께 도움이 되길 바란다.

이 책을 쓰는 이유가 한 가지 더 있다. 인재를 찾기 위해서이다.

서점에 부동산 재테크 관련 책은 많지만, 부동산 분양 관련 책은 없다. 분양업에 대한 관심이 떨어지거나, 잘 몰라서일 것이다. 실제로 현장에서는 능력이 있는 사람을 찾기가 힘들다. 부동산 업계는 나날이 발전하고 있으며 전망이 좋다. 당연히 분양 상담사와 같은 관련 직종은 계속 발전해 나갈 것이다. 새로운 직업을 찾고 있는 사람에게 도움이 될 거라고 말해 주고 싶다.

이 책을 통해 내가 기대하는 건 다음과 같다. 첫째, 많은 사람이 분양 상담사라는 직업에 관심을 가졌으면 한다. 공인 중개사는 많은데 분양 상담사는 적다. 나는 세상에 이렇게 전망이 좋은 직업이 있다는 사실을 알리고 싶다. 둘째, 좋은 인재들이 모이게 하고 싶다. '사람이 전부다'라는 말이 있다. 좋은 인재가 유입되는 조직은 흥하고, 나쁜 인재만 유입되는 조직은 망하기 마련이다. 나는 분양업 분야에 좋은 인재가 모여 우리나라의 분양 시장이 탄탄해지기를 바란다. 셋째, 교육하고자 함이다. 프로젝트별로 모였다가 흩어지다 보니 지속적인 교육이 어렵다. 교육을 시켜도 언제 다시 그들을 볼지 모른다. 나는 이 책을 통해 분양의 A to Z를 알려 주고 싶다. 입이 아프게 그때그때 떠드는 대신, 이 책을 읽으면 어느 정도 일할 수 있게 하고 싶다. 이 책이 나의 바람에 한걸음 다가갈 수 있게 해 주길 소망한다.

박병주

추천사

오랜 분양 현장 경험으로 모델 하우스의 일상을 생생히 표현하고, 전문 분양 상담사의 비전 제시는 분양업에 관심있는 분들에게 큰 지혜가 될 것입니다. 분양업에 있어서 누군가 꼭 해야 할 일을 해 주신 저자께 큰 박수를 보냅니다.

삼일산업(주) 대표 김선관

저는 분양 대행사 대표로서 전문적인 분양 상담사를 항상 필요로 합니다. 그러나 전문 지식을 갖춘 유능한 분양 상담사를 만나기가 쉽지 않지요. 방법을 몰라서, 일을 몰라서, 용기가 나지 않아서 이 일에 망설이는 분이 계시다면 이 책을 추천드립니다. 부동산에 대한 알짜 정보 제공과 더불어 당신의 인생을 바꾸어 줄 지침서라고 확신합니다.

유티파트너스(주) 대표 백석교

부동산 가격의 폭등으로 분양에 대한 관심이 그 어느 때보다도 높은 때에, 조금 더 체계적인 교육을 통해 고가의 상품을 팔 줄 아는 유능한 인재를 육성하는 데에 동감을 표하고 싶습니다. 저자의 열정에 찬사를 보냅니다.

신화 디엔엠(주) 대표 이종진

업계에 20년 째 몸담고 있지만, 이 책을 읽으며 여전히 부족하다는 걸 느끼며 많이 배웠습니다. 현업에 계신 분 또는 전문가만 알 수 있는 정보를 책으로 묶어 공유하는 만큼, 업계는 조금 더 치밀한 전략을 준비하는 노력이 수반되어야 할 것으로 보입니다. 정보의 공유를 통한 선한 영향력이 분양업의 발전에 윤활유가 되기 충분할 거라 생각합니다. 다시 뛸 수 있는 계기를 만들어 주신 저자에게 감사드립니다.

DL이앤씨 (구)대림산업 부장 강태철

저자는 대한민국에서 가장 비싼 물건을 파는 분양 상담사로 20년 넘게 한 우물을 파고 있는 프로 중의 프로입니다. 분양 노하우를 배우고 싶고, 분양업에 도전하고 싶은 분들에게 이 책을 추천합니다.

《머니패턴》 저자, 한국웃음연구소 소장 이요셉

'글사세'라는 글쓰기 학교를 운영하며 저자를 만났습니다. 이전까지는 분양 상담사라는 직업을 몰랐는데 저자의 글을 보며 분양업이 전도유망한 직종이라는 것을 알았습니다. 그녀는 전문적으로 분양을 하는 사람입니다. 아파트를 고객에게 안내하는 안내자이지요. 아파트만큼 고가의 물건이 있을까요? 이렇게 비싼 상품을 팔기 위해서는 어떤 역량이 필요할까요? 이 책에는 이런 노하우가 들어 있습니다. 이 책이 여러분을 새로운 세계로 안내할 것입니다.

《일생에 한번은 고수를 만나라》 저자 한근태

분양의 세계에도 여러 직업군이 존재하며, 그중에서 가장 돋보이는 직업군을 꼽으라면 전문 지식으로 무장한 분양 상담사라 할 수 있을 것입니다. 저자는 분양 상담사로 20년 이상 현업에 종사한 백전노장입니다. 저자의 직업에 대한 소개와 노하우를 통해 독자 분들도 직업인으로서 성공하시길 바랍니다.

분양권 전문 강사 '해안선 TV' 대표 황성우

선진 사회는 직업 전문성을 중요시하고 축적합니다. 이 책은 부동산 분양업 관련 지식을 전달할 뿐 아니라, 그 분야 직업인의 자부심을 느끼게 해 줍니다. 그래서 멋이 있습니다. 박병주 작가의 친절한 글 뒤엔 자신을 계발하고 단련해 온 내공이 녹아 있습니다. 그래서 아름답습니다.

국민대 교수, 코칭경영원 대표 코치 고현숙

분양업의 가치를 알다!
작가와의 7문 7답 인터뷰

1 **20년 동안 분양업에 종사하다가, 분양 상담사에 대한 책을 쓰기로 결심한 이유는 무엇인가요?**

제가 하는 일은 프로젝트 베이스입니다. 새로운 현장이 생기면 그때마다 본부장으로서 새롭게 일을 시작하지요. 이 일은 데드라인 안에 성공적인 분양을 위해 팀을 꾸리는 것이 관건입니다. 그리고 이때의 핵심은 좋은 인재를 영입하는 것이지요. 구체적으로 저는 인재를 뽑아 교육하고, 그들이 홍보와 마케팅을 잘할 수 있도록 시스템을 구축하는 일을 합니다. 하지만 현실적으로 어려움이 많아요. 함께 일해 본 적이 없는 사람들과 일을 해야 하기 때문인데요. 이 책을 통해 제가 기대하는 건 분양 상담사라는 직업에 많은 이들이 관심을 갖고, 나아가 좋은 인재로 성장하는 것입니다. 좋은 인재가 들어오는 조직은 흥하고 나쁜 인재만 들어오는 조직은 망하기 마련이지요. 부동산 분양업에 좋은 인재가 모인다면 우리나라의 분양 시장도 내실 있는 시장이 될 거라 생각합니다. 그리고 교육의 목적도 있습니다. 프로젝트별로 모였다가 흩어지다 보니 교육을 시켜 봤자 언제 볼지 모르는 사이가 되어 버립니다. 저는 이 책을 통해 분양에 관한 A to Z를 알려 주고 싶습니다. 입이 아프게 매번 떠드는 대신, 이 책을 읽으면 어느 정도 현장에서 일할 수 있게 되었으면 하는 바람입니다.

2 **현재 코로나19로 인해 많은 직업군이 어려움을 겪고 있으며, 앞으로 4차 산업 혁명으로 인해 대체되거나 사라질 직업도 많다고 합니다. 이런 현실 속에서 분양 상담사가 갖는 차별점이 있다면 무엇일까요?**

지금은 기술의 발전으로 아파트 내부를 구현할 수 있는 시스템이 잘 갖춰져 있지만, 여전히 살 집을 클릭 몇 번으로 구매하는 사람은 없습니다. 부동산만의 특성 때문인데요. 부동산은 똑같은 평형이라도 구조에 따라 환기 역량이 다르고, 거실에서 보이는 조망이 다르고, 조망 하나로 프리미엄이 억 소리 나게 차이가 납니다. 층마다 들어오는 일조량도 다르고, 결로와 곰팡이에 취약한 세대가 있을 수도 있지요. 이런 사실은 인터넷 화면만으로는 파악하기 어려워 전문 상담사의 도움이 필요합니다. 자동차나 보험 상품은 인터넷으로 가격을 비교하고 견적을 내서 합리적으로 구입할 수 있지만, 부동산을 이렇게 클릭 몇 번만으로 구입할 수 있는 시대가 오기 전까지는 전문 컨설턴트가 필요한 실정입니다. 결과적으로 분양 상담사는 4차 산업 혁명 시대에도 대체되지 않는 직업이 될 거라는 게 제 생각입니다.

3 분양 상담사에 관심을 갖는 많은 분이 '고소득 직업'이라는 타이틀에 매력을 느끼고 있습니다. 이와 관련된 현실적인 이야기와 팁이 있다면 무엇이 있을까요?

부동산업에 관심이 있는 사람이 제일 궁금해 하는 것은 바로 수입이죠. 평균 얼마를 버는지는 모두가 알고 싶어 합니다. "분양 상담사가 고소득이라고 하던데 정말 그런가요?"라고 많이 물어 보시는데, 이 책에 신규 분양 모델 하우스 오픈 시 분양 상담사가 벌어들이는 수입에 대해 자세히 공개하긴 했습니다만, 사실 현장 컨디션별로, 회사별로, 팀별로 수수료가 다릅니다. 그러나 분명한 건 개인의 역량에 따라 소득이 천차만별이라는 것입니다. 평범한 사람도 분양 상담 일로 억대 연봉을 받는 경우가 굉장히 많지요. 이를 보면, 분양업은 아직 고도화되지 않은 직업군인 것 같습니다. 개인이 들인 시간과 노력 대비 입문도 쉽고 보수도 높은 편이니까요. 근무 환경도 나쁘지 않습니다. 특히 휴무를 마음대로 정할 수 있고, 프로젝트가 마무리되면 개인 시간을 가질 수 있어서 여성에게 매력적인 일이지요. 그리고 가장 큰 매력은 부동산 정보를 가장 빨리 알 수 있다는 것입니다. 이런 생생한 정보를 잘 활용하면 돈도 제법 벌 수 있습니다.

4 분양 상담사의 전문성에 대한 오해도 존재하는데요. 이러한 오해에 대해 전할 말이 있을까요?

억대 연봉, 고소득, 돈 많이 버는 직업… 분양 상담사에 대한 광고에 많은 이들이 솔깃해합니다. 스펙도 필요 없고, 성별과 나이도 제한이 없습니다. 국가고시를 치러야 하는 공인 중개사와 달리 별도의 자격증도 필요가 없지요. 그러나 이렇게 진입 장벽이 낮은 대신 살아남기는 힘듭니다. 이 분야 역시 전문가가 되려면 많은 노력이 필요합니다. 처음에는 똑같이 아르바이트생으로 시작해도 몇 년 뒤에 보면, 누군가는 여전히 아르바이트로 근근이 살아가지만 누군가는 성공적으로 관리자에 올라 있습니다. 이 차이는 개개인의 노력 외에는 딱히 답이 없습니다. 분양업은 내가 한 만큼 보상이 주어지기 때문에 정직합니다. 내가 어떻게 하느냐에 따라 이후의 삶이 달라지지요.

부동산 같은 고가의 상품은 상담사 개인의 신뢰도와 콘텐츠가 고객들의 구매에 결정적인 역할을 합니다. 분양 상담사의 역량이 분양률에 영향을 주지요. 이러한 이유로 업계에서는 신규 채용보다는 효율성을 따져 경력직을 선호합니다. 또한 모델하우스는 단기 프로젝트이기 때문에 한 부서의 사람들과 오랜 기간 함께 일하는 일반 회사와는 다릅니다. 단기간에 많은 사람이 모여 최대한의 역량을 발휘해야만 합니다. 따라서 분양업은 불확실성 속에서 민첩하게 움직이고 판단할 수 있는 기지가 필요하며, 이론이 아닌 경험으로 판단할 수 있어야 합니다.

5 재테크에 대한 관심과 함께, 2030 밀레니얼 세대도 청약에 대한 관심이 높아졌는데요. 이들에게 청약에 대한 팁을 준다면 무엇이 있을까요?

당첨 확률을 높이기 위해서는 당첨될 수 있는 기본 조건을 갖추고 있는지부터 체크해 봐야 합니다. 많은 사람이 자신의 가점을 계산할 줄 몰라 오리무중에 빠지고는 하는데요. 청약홈이나 청약365 같은 앱을 통해 내 가점을 계산하고, 전략적으로 접근하세요. 청약 가점이 낮다면 입주민의 50%를 추첨제로 선정하는 전용 면적 85㎡ 초과의 중대형 타입에 관심을 갖는 것도 방법입니다. 그리고 비선호 타입에 청약을 넣으면 당첨 확률이 올라가지요. 주택형별로 청약을 받기 때문에 경쟁자가 분산되는 효과가 있습니다. 줍줍 청약이나 줍줍 분양으로 불리는 무순위 청약 일정과 정보를 알려 주는 앱도 적극적으로 활용하는 게 좋습니다.

6 모델 하우스에 방문하는 고객에게 줄 수 있는 간단한 팁이 있다면 말씀해 주세요.

모델 하우스에 방문하기 전에, 미리 알 수 있는 정보를 알아 두면 좋습니다. 단지 개요, 평형별 세대 수, 동·호수 배치도 등은 미리 알 수 있는 정보입니다. 특히 입주자 모집 공고에는 분양가, 계약금, 납부 방법 등에 대한 구체적인 정보가 담겨 있습니다. 입주자 모집 공고는 일정한 형식을 통해 명시되기 때문에 광고성 정보가 아닌 객관적인 정보를 확인할 수 있으며, 통상 청약 접수 열흘 전에 의무적으로 일간지에 공고하게 되어 있으니, 인터넷이나 해당 신문을 통해서 확인하면 됩니다. 입주자 모집 공고 사항을 꼼꼼히 살펴본 뒤 모델 하우스에 방문해 상담하면 원하는 정보를 알차게 얻어 가실 수 있습니다.

7 마지막으로 앞으로의 목표나 계획이 있다면 말씀해 주세요.

제 책이 분양업에 대한 불편한 진실과 오해를 바로잡아 주고, 부정적 인식을 덜어 내었으면 합니다. 그리고 미래의 직업을 찾는 분들에게 선한 영향력을 줄 수 있었으면 좋겠습니다. 세련되고 전문성을 갖추어 일하고 싶은 분들과 함께 앞으로 나아가고 싶은 바람입니다. 분양 상담사라는 직업의 가치가 높아지기를 희망합니다.

프롤로그 __ 5

추천사 __ 8

분양업의 가치를 알다! 작가와의 7문 7답 인터뷰 __ 10

PART 1

4차 산업 혁명 시대에도 대체되지 않는 미래 직업

01 대한민국에서 가장 비싼 물건을 파는 직업 __ 21

02 분양 상담사는 어떤 일을 하는가? __ 24

03 모델 하우스에 이렇게 많은 종류의 일이? __ 28

04 모델 하우스 취업 전망, 내일도 맑음 __ 30

05 디벨로퍼 1편_부동산 시장의 개척자 __ 34

06 디벨로퍼 2편_토지의 가치 창조자 __ 38

Appendix 1. 모델 하우스의 꽃 도우미 __ 43

PART 2

20년 분양 고수가 알려 주는 슬기로운 분양 생활

01 아무도 알려 주지 않는 분양업의 속사정 __ 49

02 신뢰 가는 분양 상담사의 첫걸음, 공감과 리액션 __ 52

03 분양업에서 주연이 되는 방법 __ 56

목차

04 계약의 8할은 첫인상에서 판가름 난다 __ 59
05 첫 단추부터 신중하게_기본기 익히고 배우기 __ 61
06 당신을 전문가로 만들어 주는 주문_설명보다 질문이 우선이다 __ 67
07 억울하지 않은 팀플레이_경쟁할 것인가? 함께할 것인가? __ 71
Appendix 2. 모델 하우스 꿀 알바 __ 76

PART 3
월 천만 원 버는
프로젝트 성공 노하우

01 고객을 내 편으로 만드는 방법 __ 81
02 고객을 유혹하는 기술, 마음 읽기 __ 86
03 악재 속에서 신화를 기록한 디큐브시티 분양의 비밀 __ 89
04 고진감래의 추억, 일타팔피 __ 95
05 원숭이도 나무에서 떨어진다 __ 101
06 분양 상담사의 비밀 노트 1편_고객이 먼저 말하게 하라 __ 103
07 분양 상담사의 비밀 노트 2편_영원한 내 고객으로 만드는 기술 __ 106
08 유능한 분양 상담사가 되는 올 킬 질문법 __ 109

PART 4

전문가로 발돋움하기 위한 커리어 독립 플랜

01 분양 상담사의 첫 단계_모르고 시작했다가 낭패 보지 말자 __ 115

02 인생은 타이밍, 숨은 기회를 찾자 __ 117

03 위기를 기회로 만드는 사람 __ 120

04 나를 팔 줄 아는 사람이 살아남는다 __ 123

05 내 삶을 재정의하다 __ 126

06 커리어 독립으로 돈과 시간 갖기 __ 132

PART 5

박 본의 에필로그

01 나를 살린 엄마의 밥 한 공기 __ 139

02 일과 육아, 그 기쁨과 슬픔 __ 143

03 유치원생 아들의 구걸 __ 146

04 가난은 결코 성실함을 이길 수 없다 __ 150

05 생의 마지막 순간이었을지 모를 '운수 좋은 날' __ 154

06 아버지 다음으로 만난 남자, 남편 __ 157

07 활자 공포증에서 독서광으로 __ 161

08 운명에 굴복하는 사람과 운명을 극복하는 사람 __ 164

PART 6

부동산 파이널, 과유불급

01 투자와 투기의 차이 __ 171

02 특별 공급의 역설 __ 174

03 미분양마저 귀한 몸이 된 새 아파트 전략 __ 178

04 끝날 때까지 끝난 게 아니다_내 집 마련을 위한 플랜 B '줍줍' __ 183

05 모델 하우스 방문 전에 알아 둘 것 __ 187

06 코로나19가 가져온 주거 트렌드 변화 __ 194

07 분양 고수가 알려 주는 청약 당첨 노하우 __ 197

08 알면 돈 버는 부동산 규제 지도_청약, 대출, 세금 총정리 __ 203

Appendix 3. MBTI 유형별 내 집 마련 스타일 __ 215

부록

박 본의 클래스 리뷰 __ 222

PART 1

4차 산업 혁명 시대에도 대체되지 않는 미래 직업

분양의 세계

01

대한민국에서 가장 비싼 물건을 파는 직업

나는 분양 상담사를 '부동산의 가치를 전달해 주는 사람'이라고 정의한다. 20대 초반에 선택한 분양사라는 직업을 40대 중반인 지금까지 할 줄은 몰랐다.

분양 상담사는 보통 임시직이기 때문에 분양 때마다 면접을 본다. 웃기고도 슬픈 에피소드가 생각난다. 1차 면접 대상자는 보통 시공사 임원들의 아내나 가족들, 2차 면접 대상자는 소위 낙하산이라 불리는 그들의 추천인과 내부 관계자, 3차 면접 대상자는 협력업체 직원의 아내들, 마지막 4차 면접 대상자는 나처럼 뒷배 하나 없는 순수한 구직자들이었다. 네 시간 가까이 꽁꽁 언 발을 구르며 하염없이 차례를 기다렸다. 포기할 수는 없었다. 딱히 경력도 자격증도 없는 여성이 하루에 13만 원가량을 벌 수 있는 일이 흔치 않았기 때문이다. 당시 나는 경제적으로 절실했다. 사실 분양 상담사는 누구나 할 수 있다. 특별한 자격 제한이 없으니 30~50대의 여성이 주를 이루며, 현장에서도 분위기를 부드럽게 이끌 수 있는 여성을 선호한다. 서비스 마인드와 센스만 있으면 누구나 도전할 수 있는 것이다. 또한, 채용되면 교육을 받기 때문에 전문 지식이 없어도 두려워할 필요 없다.

분양 상담 업무는 모델 하우스의 오픈 전과 후로 나뉜다. 특히 '프리 마케팅 기간'이라 부르는 모델 하우스 사전 홍보 기간이 업무를 다양하게 배울 수 있는 기회이다. 짧게는 2주, 길게는 두 달간 분양 현장을 홍보하는데, 유동 인구가 많은 장소에서 홍보 팸플릿을 배포하고 마케팅 조사를 한 뒤, 이를 바탕으로 홍보 계획을 세우고, 분양을 준비한다. 홍보 기간에 얻은 정보를 바탕으로 고객의 의견을 수렴하고 피드백을 마련하는 것이다. 본격적으로 분양이 시작되면 실전이다. 분양 안내와 분양 신청 접수, 계약 조건에 따른 공급 계약 업무, 분양에 따른 사후 관리를 진행한다.

그런데 이렇게 체계적인 지식이 필요한 분야임에도 불구하고 입문이 쉽다 보니 간혹 아르바이트 개념으로 생각하고 일하는 사람도 있다. 급여가 대기업 5~6년 차 연봉 수준인데도 스스로 일의 가치를 낮게 평가하고, 10년 넘게 이 일로 밥 먹고 살면서도 자신을 발전시키기보다 안주하는 사람을 보면 안타깝다. 모든 일에는 장단점이 있다. 어떤 이는 고소득을 운운하며 장밋빛 청사진을 이야기하고, 어떤 이는 상처와 수수료의 폐해를 지적한다. 지인 소개로 쉽게 일을 시작해 실망만 하고 돌아서는 사람도 있다. 그러나 이 분야에서 20년 넘게 일해 온 내게 분양 상담사라는 직업은 참 고마운 존재다. 무엇보다 금전적으로 어려웠던 시기를 극복할 수 있게 해 주었고, 잃어버린 자신감도 되찾게 해 주었다. 삶이 달라졌다.

내가 온라인에 조그맣게 클래스를 열고 분양 상담사라는 직업에 대해 상담해 주고 교육을 시작한 이유는, 이 직업에 관심을 갖고 시작해 보려는 분들에게 도움을 주기 위해서이다. 누구에게나 처음은 있다. 그 시작은 관심일 것이다. 그러나 분양 상담사라는 직업에 대해 알아보면 정보의 홍수 속에서 각자의 이해관계로 무장한 단편적인 설명만 보게 될 것이다. 나 역시 20년 전에는 남들과 다르지 않았다. 의욕은 있었지만 무엇부터 어떻게 시작해야 할지 막막했다. 나는 이런 사람들에게 분양 상담사에 대해 체계적으로 알려 주고, 기대 이상의 변화를 맛볼 수 있게 하고 싶다.

02

분양 상담사는 어떤 일을 하는가?

분양 상담사는 아직 생소한 직업이다. 자격증과 스펙이 없어도 가능하며, 성별과 나이 제한도 없고, 잘하면 회사원들의 연봉을 두세 달 안에 벌기도 한다. 그러나 막상 검색해 보면 양질의 정보를 얻을 수 없는 직업이기도 하다. 나는 분양 상담사로 20년 넘게 일하고 있다. 돈도 만족할 만큼 벌었고, 그만큼 보람도 느꼈다. 그래서 나는 여러분에게 이 직업에 대해 알려 주고 싶다.

분양 상담사의 역할은 현장에 따라 크게 두 가지로 나뉜다. 청약 접수 전 청약 관련 분양 안내와 미분양 시 분양 상담이다. 신규 분양 모델 하우스를 오픈하면 단시간에 많은 사람이 방문한다. 이들에게 제공해야 할 정보는 주택 공급에 관한 규칙과 청약 방법, 바뀐 부동산 정책 등이다. 그리고 미분양이나 미계약 잔여 세대가 발생했을 때는 관심 고객에게 맞는 상품을 안내하고, 구매 결정을 도와야 한다. 분양 상담사가 제공할 정보는 다음과 같다.

· 부동산의 입지(위치)와 교통 환경 및 편의 시설, 개발 호재
· 분양가 비교와 분석
· 콘텐츠
· 단지 배치에 따른 세대별 장점과 특징
· 기타 분양 관련 사항과 사후 관리

여기서 '분양가 비교와 분석'은 분양 상담사 개인의 역량이 필요하다. 분양가는 상담사가 정하는 게 아니라, 그 상품의 미래 가치를 두고 분양가가 책정되어 나온다. 그러므로 상담사는 부동산의 입지와 주변 시세를 비교해서 합리적인 분양가인지를 고객에게 설명해 줄 수 있어야 한다. 그리고 분양 상담사는 근무할 현장을 매번 선택할 수 있으니, 자신이 잘 아는 지역에서 일하면 좋다.

또한, 부동산 같은 고가품은 상담사 개인의 콘텐츠가 고객의 구매 결정에 동기 부여가 된다. 콘텐츠란 바로 나 자신이다. 상품의 브랜드도 중요하지만, 분양 상담사의 역량이 분양률에 영향을 끼친다는 걸 명심하자.

분양업에 관심 있는 사람이 제일 궁금해 하는 건 바로 수입이다.

"분양 상담사가 고소득이라는데 정말 그런가요?"라고 묻는 사람이 많은데, 평균 얼마를 벌까? 일반적으로 신규 분양 모델 하우스 오픈 시, 일당은 15~16만 원 선이며, 현장에 따라 300만 원의 기본급에 인센티브 조건이 책정되기도 한다. 재건축과 재개발 지역은 조금 더 높다. 일당 15~17만 원이고, 서면 동의서를 받는 조건으로 4~10만 원씩의 인센티브를 더 받을 수 있다. 조직 분양의 경우 많은 영업 사원이 투입되는데, 이때는 거의 100%의 수당제로 일한다. 팀장과 팀원 간 수수료 배분은 현장별로, 회사별로, 팀별로 다르다.

분양 상담사 모집은 보통 기존 네트워크와 인맥을 활용하는 경우가 많아, 일반 구인 구직 사이트에서는 모집 공고를 볼 수 없다. 신규 채용보다 효율성을 따져 경력직을 쓰다 보니 생긴 관행 같다. 분양 상담사는 분양이 완료되면 일도 종료된다. 고용이 불안정하고 4대 보험이 되지 않는 단점도 있지만, 개개인을 사업자로 보면 된다. 개인의 역량에 따라 소득이 천차만별이라고 말하고 싶다. 억대 연봉을 받는 사람도 있고, 아닌 사람도 있다. 이를 보면, 아직 고도화되지 않은 직업이라 볼 수 있다.

근무 환경도 나쁘지 않다. 여성에게 특화한 직업이다. 휴무를 마음대로 정할 수 있고, 분양이 마감되면 가사와 육아에 집중하거나, 여행을 갈 수도 있다. 무엇보다 가장 큰 매력은 부동산 정보를 가장 빨리 접할 수 있다는 점이다. 생생한 정보는 때로 돈이 된다.

이 일을 시작하기 전, 나는 남편의 사업 실패와 두 살이 채 되기 전 멀리 보내야 했던 큰아이의 병원비까지 쌓여 경제적 어려움에 처해 있었다. 쓸 만한 살림살이에는 노란 딱지가 붙었고, 나도 모르게 한강 다리 앞에 서 있기도 했다. 절망적이었다. 그러나 작은아이에게 빚을 물려줄 수는 없다는 생각에 마음을 가다듬고, 분양업에 뛰어들었다. 절실했기에 할 수 있는 일이라면 바로 행동으로 옮겨야 했고, 선택지가 없었다. 그렇게 7년 만에 빚을 청산했다. 끝나지 않을 것 같은 긴 터널을 빠져나온 그날 나는 펑펑 울었다.

처음은 힘들었다. 초짜는 매번 감원 대상 1순위이다. 분양 지식은 부족하고 동료들은 경쟁자였으며, 나는 내성적이었다. 게다가 시중에서 분양 영업에 대한 책 한 권 구할 수가 없었다. 할 수 없이 어깨너머로 보며 직접 부딪혀 가며 일을 배우고, 경험을 차곡차곡 기록하며, 내 것으로 만들었다. 그렇다고 쉽게 실력이 늘지는 않았다. 그저 결핍과 강박증으로 일했다. 당시에도 이 일에는 체계가 없었다. 이는 바꿔 말하면 블루오션이라는 뜻이다. 닥치는 대로 배우고 빨리 습득하려 노력하면 길이 있다.

분양업은 불확실성 속에서 민첩하게 움직이고 판단해야 한다. 이론이 아닌 경험으로 판단해야 한다. 이제 꽤 오랜 시간이 지났다. 누군가는 나에게 분양 전문가라고 한다. 벅찬 말이다.

03

모델 하우스에 이렇게 많은 종류의 일이?

모델 하우스는 다양한 분야의 협업으로 탄생한다. 땅 주인 또는 토지를 매입한 시행사, 건물을 짓는 시공사, 모델 하우스 분양을 총괄하는 분양 대행사가 주체이다. 또한, 천 세대 규모의 신규 분양이라면 약 100여 명의 인력이 한꺼번에 투입된다.

일단 모델 하우스 입구에는 환한 웃음으로 방문객을 맞이하는 도우미가 있다. 편안한 안내로 방문객의 긴장감을 풀어 주고, 방문 목적을 알아내 모델 하우스 관람과 분양 상담사에게로의 안내, 상담 테이블까지의 연결을 돕는다. 그리고 전화로 안내를 돕는 전화 상담원, 모델 하우스 오픈 전후에 홍보 역할을 맡는 모니터 요원, 보안과 경호원, 청소와 각종 잡업을 맡은 아르바이트생이 있다. 아르바이트생도 고객들의 동선을 안내하고, 신발을 정리하고, 카페테리아와 주차, 전산 처리 등 할 일이 많다. 일반인들은 모델 하우스 안에 이렇게 많은 인력이 동원되는 데에 놀라고, 그들의 수입에 놀라고, 상대적으로 까다롭지 않은 자격 요건에 놀란다.

그런데 어떻게 해야 모델 하우스에서 일할 수 있을까? 구인은 보통 분양 대행사에서 채용하며, 함께 일해 본 적이 있는 지인을 데리고 오거나, 공개 채팅방을 이용한다. 임시직이긴 하나, 전문 지식을 갖춘 검증된 프리랜서를 구하기 위함이다. 그래도 이 책을 읽는다면, 초짜도 분양업에 뛰어들 수 있다. 잘 살펴보길 바란다.

04

모델 하우스 취업 전망, 내일도 맑음

우리나라 사람은 부동산에 워낙 관심이 많아서 부동산 관련 업종에 대한 관심도 높다. 특히, 은퇴를 준비하는 중년이나 취업난으로 고통받는 사회 초년생은 더욱 그러하다.

내 일을 부동산 분야라고 간단히 말하면, 대부분은 공인 중개사를 떠올린다. 부동산업에서 가장 대중적인 직업이기 때문이다. 그러나 공인 중개사는 이미 경쟁이 치열한 레드오션으로, 2016년 고용정보원에서 발행한 〈기술 변화에 따른 일자리 영향 연구〉에 자동화 대체 가능성이 높은 직업 13위에 랭크되기도 했다. 물론, 공인 중개사가 사라진다고 부동산 산업이 사라지는 건 아니다. 부동산 산업은 오히려 기술을 접목한 새로운 모습으로 재탄생하고 있기까지 하다. 특히, 내가 종사하고 있는 모델 하우스 분양 상담 분야는 인공지

능으로도 대체할 수 없는 직종이다.

2020년 전 세계를 덮친 코로나19는 분양 시장에도 변화를 불러왔다. 일단 모델 하우스 관람은 온라인 관람이나 예약제로 한정된 인원만 받아 운영되었으며, 대형 건설사는 스마트 시스템을 도입해 상담을 시작하고, 전문 상담사와의 소통은 채팅을 활용했다. 그러나 기술의 발전에 비해 전문 인력은 여전히 부족한 실정이다. 나조차도 일할 사람을 추천해 달란 말에 떠오르는 사람이 없다. 기술의 발전에 비해 인력이 공급되지 않고 있다는 말이며, 이는 이 분야의 잠재력을 대변하는 말이기도 하다.

2017년 국토교통부에서 발표한 〈종합 부동산 서비스 산업의 발전 방향〉에서도 정부는 부동산 관련 종합 서비스의 지속적인 방향성을 제시한 바 있다. 게다가 부동산 산업은 실생활과 밀접한 법적, 경제적 측면을 다루기 때문에 관련 지식이 있으면 다양하게 활용할 수 있다. 예를 들어, 부동산 기본 지식이 있는 사람은 사무실이나 집을 마련하기 수월하고, 재산을 증식할 기회도 많아진다. 한마디로 부동산 산업은 다양한 직종과 유기적으로 연결되어 있으며, 다양한 기회를 제공한다.

그렇다면 분양 상담 분야는 어떻게 4차 산업 혁명 시대에도 살아남을 수 있을까? 지금은 집에서 모바일로 클릭 몇 번이면 상품을 배송 받고, 가격 비교 사이트를 통해 보험도 합리적인 가격으로 가입하는 시대이다. 고가인 자동차도 모바일로 산다. 그렇다면 집은 어떠할까?

우리나라 사이버 모델 하우스의 시초는 2006년 3월 판교 신도시이다. 당시 건설 교통부는 청약 과열을 막기 위해 사이버 모델 하우스만으로 청약 단지를 결정하도록 했는데, 당시 판교 신도시는 청약할 수 있는 1순위자만 320만 명, 2순위와 3순위를 합하면 500만 명에 육박해 전 국민의 관심사였다. 그러나 견본 주택이 없으니 사이버 모델 하우스를 허술하게 만들 수도 없고, 시간은 촉박하고, 기술도 부족했던 때였다. 결과는 어땠을까? 오픈과 동시에 분양 신청 접속자가 폭주하리라 예상되어, 결국 분양 일정이 연기되고 말았다. 그리고 어쩔 수 없이 현장 접수를 통해 분양이 완료되었다.

이후, 2007년 파주 삼부 르네상스가 사이버 모델 하우스를 오픈하려 했지만, 이때도 시기상조였다. 이곳도 사이버 모델 하우스 오픈 다음 날 실제 모델 하우스가 개관하고, 사람이 물밀듯 몰려들었다.

물론, 지금은 사이버 모델 하우스에 접속하기도 쉽고 실제로 보는 것처럼 아파트 내부가 잘 구현되어 있을 정도로 기술이 발전했다. 그러나 사람들은 여전히 클릭 몇 번으로 부동산을 구매하지 않는다. 부동산은 임장하지 않으면 알 수 없는 성질의 상품이다. 똑같은 평형이라도 구조에 따라 환기 역량이 다르고, 거실에서 바라보는 전망이 다르다. 전망 하나로 프리미엄이 억 소리 나게 붙는 게 부동산이다. 층마다 들어오는 일조량이 다르고, 집마다 컨디션이 다르다.

이런 사실을 전문 상담사의 도움 없이 인터넷 화면만으로 파악하기란 불가능하다. 무엇보다 집은 자동차보다 몇 배는 비싼 고가품이다. 육안으로 확인하지 않고 큰돈을 투자하는 사람이 있을까? 일반인에게는 이러한 내용을 전문적으로 알려 주는 누군가가 필요하다. 미래에도 여전히, 집을 보여 주고 상담해 주는 컨설턴트가 필요한 이유이다. 결론적으로, 분양 상담사라는 직업은 4차 산업 혁명 시대에도 대체되지 않는 직업 중 하나가 될 것이다.

05

디벨로퍼 1편_ 부동산 시장의 개척자

부동산 디벨로퍼란, 개발 기획과 자금 조달, 설계, 시공, 마케팅, 사후 관리까지 모든 것을 총괄하는 사람 또는 시행사를 말한다. 거시적으로는 도시의 변화를 만들어 가는 사람이기도 하다.

대표적인 디벨로퍼는 미국의 도널드 트럼프 전 대통령과 일본의 모리그룹이 꼽힌다. 트럼프는 20대에 기발한 아이디어로 도시를 개발한 디벨로퍼이다. 당시 폐업 위기에 처한 코모도어 호텔을 사들여 1달러에 뉴욕 시에 넘기고, 99년간의 장기 임차권과 개발권, 40년간의 부동산세 감면을 받은 것이다. 그렇게 그랜드 하얏트 호텔을 지어 거대한 부를 일궜다. 허무맹랑하게 여겨지던 아이디어가 다시 뉴욕 시의 부흥을 일으킨 것이다. 엠파이어스테이트 빌딩 또한 트럼프의 작품이다. 급속하게 슬럼화 되던 엠파이어스테이트 빌딩을 단돈 1달러에 대스타 자니 카슨을 입주시키고, 문화계 인사와 연예인을 잇달아 입주시켜 뉴욕의 상징물로 탈바꿈시킨 것이다.

일본의 '롯폰기 힐스'는 도쿄의 랜드마크로 아파트와 사무실, 쇼핑몰, 문화 시설, 녹지가 집약해 있는 복합 시설이다. 단순한 건물이 아니라 다양한 문화생활을 즐길 수 있어서 누구나 살고 싶어 하는 곳이기도 하다. 그러나 개발이 쉬운 지역은 아니었다. 땅 주인만 500명이 넘는 등 복잡한 이해관계가 얽힌 지역이었기 때문이다. 모리그룹은 지주와 세입자를 위해 1,000여 번의 회의를 거치며 이들을 설득하고 이익을 배당했다. 또한 열악한 지역에 빌딩을 세우고 녹지 공간을 조성하는 등의 최첨단 기술을 들여 하는 사업이라 해외에서도 화제였다. 그렇게 모리그룹은 인내심과 기술력으로 롯폰기를 고급스러운 일본의 신흥 부촌으로 발돋움하게 했고, 도시 재생 산업의 대표적 사례를 이끌었다.

롯폰기 힐스 개발에서 보았듯이, 디벨로퍼는 도시 개발을 위해 수많은 이해 관계자와 조율해야 한다. 수백 개의 하청업체부터 수천 명의 분양 계약자, 토지 소유자와 소통하고, 자본을 조달해야 한다. 신뢰와 신용이 뒷받침되지 않으면 안 되는 일이다.

또한, 건설사가 지급을 보증했던 과거에는 대형 건설사가 디벨로퍼 위에 군림해 위력을 행사했다면, 최근에는 개발의 주도권이

디벨로퍼에게 넘어가는 추세이다. 자체적인 금융 시스템을 갖추었기 때문이다. 그리고 오히려 시공사가 디벨로퍼에게 공사비를 받아 건물을 짓고, 브랜드를 빌려주는 정도의 수준으로 변화했다. 디벨로퍼가 개발의 전 과정을 주도하게 된 것이다. 어떤 디벨로퍼는 실타래처럼 얽힌 이해 문제를 풀어 나가야 하는 점 때문에 부동산 시행을 '끈기와의 싸움'이라고 표현하기도 했다. 특히 토지를 매입하는 단계가 그러하다.

이들의 덕목은 신뢰, 열정과 근성, 판단력과 결단력, 사회적 의무감과 리스크 관리, 제로베이스 사고력을 바탕으로 끝까지 책임지는 자세이다. 대박을 꿈꾸는 부동산 디벨로퍼는 셀 수 없이 많다. 그러나 이중 성공하는 사람은 2~3%밖에 되지 않는다. 한 건 정도 성공하고 망한 디벨로퍼가 부지기수이며, 실제로 IMF 외환위기 이후 생존한 이는 극소수이다.

18년간 부동산 개발 사업을 해온 진양건설 정일천 대표는 디벨로퍼의 입장에서 현재의 부동산 과열 현상을 어떻게 볼까? 일단 부동산 시장의 과열은 단기적으로 봤을 때 부정적이다. 정부가 강한 규제를 적용하기 때문이다. 그러나 우리나라의 도시화율은 92%에 이르는 데에 비해 주택은 여전히 부족하므로 장기적으로는 긍정적이다. 그렇다고 친구 따라 강남 가는 식의 투자는 위험하다고 한다. 필요한 곳에 실거주할 집을 마련하는 게 옳다.

앞으로 디벨로퍼는 어떤 모습일까? 다른 나라의 도시 재생 프로젝트와 비교했을 때, 우리나라의 현실은 초라하다. 굵직한 도시 재생 프로젝트는 번번이 무산되고, 법적 혜택 없는 제한만 난무할 뿐이다. 프로젝트에 성공하면 부와 명예를 얻지만 위험 부담이 너무 크다. 그래서 어떤 디벨로퍼는 "시행할 때마다 교도소의 담벼락을 걷는 심정"이라고 말하기도 한다.

06

디벨로퍼 2편_ 토지의 가치 창조자

2001년 9월 11일은 전 세계가 충격에 빠진 날이다. 맨해튼의 110층짜리 세계무역센터와 주변 건물이 테러로 인해 흔적도 없이 사라진 것이다. 그로부터 13년이 지난 2014년 11월 그 자리에는 일명 프리덤 타워라 불리는 '원 월드 트레이드 센터'가 들어섰다.

잔상으로 가득한 폐허의 땅에 삶의 리듬이 생겨나고, 도시는 다시 살아 숨쉬기 시작했다. 그리고 그 중심에는 부동산 디벨로퍼가 있었다. 디벨로퍼라는 말이 일반인에게는 낯설지 모르겠다. 디벨로퍼는 도시를 새롭게 창조하고 바꿔 나가는 전도적인 역할을 하는 기업을 말한다. 이들은 도시마다 특성을 알고, 시기와 장소에 맞는 기능과 공간을 파악해 공급한다.

그렇다면 우리나라는 어떠할까? 우리나라에서 디벨로퍼의 활약이 돋보이는 대표적인 곳은 신도림의 '디큐브시티'이다. 구도심의 연탄 공장 부지를 복합 문화 공간으로 재탄생시킨 사례로, 현재 이 지역에는 쉐라톤 호텔, 현대 백화점, 뮤지컬 전용 극장인 디큐브 아트센터, 롯데 시네마, 교보문고 등이 있다. 영등포의 타임스퀘어, 하남의 스타필드 역시 쇼핑과 레저, 힐링을 한 곳에서 만끽할 수 있다는 테마로 만든 디벨로퍼들의 작품이다.

우리나라에서 디벨로퍼는 1970년대에 등장한 걸로 추정한다. 1990년대 초중반까지 디벨로퍼의 개념은 건설업의 일환으로 인식되었다. 대표 업체는 '거평그룹, 나산종합건설, 프라임개발' 등이다. 이들 대부분은 한 평 남짓한 사무실에서 시작해, 거대 프로젝트를 거쳐 디벨로퍼의 신화를 창조했는데, 거평그룹은 동대문에 거평프레야를 만들어 동대문의 패션 산업을 이끌었고, 나산종합건설은 대치동에 샹제리제 빌딩을 지어 주상 복합 아파트와 오피스텔의 대중화를 이끌어 냈다. 그리고 프라임개발은 서울 신도림에 테크노마트를 세웠다. 그러나 안타깝게도 이들 기업은 현재 자취를 감춘 상태이다. 외환위기 이후 불어 닥친 경기 침체와 무리한 사업 확장 때문이었다.

IMF 외환위기는 업계에 큰 타격을 입혀, 많은 디벨로퍼의 설 자리를 빼앗았다. 자본력이 있는 대형 건설사는 버틸 수 있었지만, 상가 등 수익형 부동산에 참여한 디벨로퍼 상당수는 폐업의 쓴맛을 봐야 했으며, 부동산 개발 대신에 기획 부동산이나 미분양 아파트

통 매매, 용역업체 등으로 전락하기까지 했다. 이렇게 위기가 닥치자 경쟁력이 없는 디벨로퍼는 자연스럽게 도태되었고, 분양업계는 새로운 전략으로 재편되는 분위기가 형성되었다. 공급 과잉과 거래 실종, 미분양 속출을 극복하기 위한 분양업계의 노력은 눈물겨웠다. 그렇게 바야흐로 21세기가 시작되면서 디벨로퍼의 춘추전국시대가 왔다. 기존 디벨로퍼부터 신생 부동산 개발 회사까지 대거 등장하면서 개발과 컨설팅을 병행하는 업체가 기하급수적으로 늘어난 것이다. 새로운 디벨로퍼의 등장은 개발 영역에 변화를 가져왔고, 특히 기존 민간 택지 개발 사업자들이 공공 택지로 눈 돌리며 아파트와 주상 복합 사업이 추진되었다. 이후 공공 택지 아파트는 디벨로퍼들의 주요 개발 분야로 자리 잡았고, 단순한 아파트 건설이 아닌 도시 재생 개발과 맞물린 거대 산업이 되었다.

오늘날의 디벨로퍼는 단순히 토지만 보고 투자 계획을 세우지 않는다. 치밀하게 경제 재화를 계산해 부동산을 개발한다. 대표적인 예시가 맥도널드이다. 우리는 맥도널드를 패스트푸드로 성공한 기업으로 알고 있지만, 사실 지극히 디벨로퍼의 관점으로 성공한 기업이다. 맥도널드의 최고 재무 책임자였던 해리 소네본은 햄버거가 잘 팔리면 맥도널드 지점의 건물 가치가 상승하리라 예상했다. 그래서 그는 이를 담보로 토지들을 매입해 매장을 오픈하는 방식으로 사업을 확장했다. 해리 소네본은 이를 두고, "15센트 햄버거를 파는 이유는 임대 사업을 하기 위한 가장 좋은 미끼이기 때문"이라고 말한

바 있다. 맥세권(맥도널드가 가까이 있는 생활권), 스세권(스타벅스가 가까이 있는 생활권)이라는 말의 등장이 이를 뒷받침한다.

이처럼 21세기의 디벨로퍼는 단순한 부동산 개발이 아닌 땅의 가치를 빚어내는 사람들이다. 부산 송도의 서린 엘마르 프로젝트를 이끈 박만일 서린건설 회장은 "디벨로퍼는 부동산에 새로운 가치를 부여한다. 좋은 공간을 만들어 내면 자연스럽게 사람이 모여든다. 사람들이 원하는 새로운 주거 공간과 상업 공간을 만드는 것이 우리의 목표다."라고 말했다.

오늘날의 부동산 개발은 단순히 건물을 지어 올리는 것이 아니라, 도시 재생과 환경, 산업, 문화 등의 종합적인 개념으로 접근한다. 시장 분석, 부동산 기획과 개발, 자금 조달 등 다방면의 능력을 갖춘 디벨로퍼의 브랜드 가치는 급속도로 성장하고 있다. 토지와 사업이 공존하는 한 디벨로퍼의 미래는 무한하다. 여기서 디벨로퍼는 토지의 가치를 보는 혜안과 추진력, 무에서 유를 창조하는 아이디어로 무장한 종합 예술가적 자질을 갖추고, 도시 개발의 중심적 역할을 해야 한다. 덧붙여 사회적 책임 의식까지 겸비해 훌륭한 디벨로퍼로 성장하길 바란다.

미분양의 구원 투수, 조직 분양

디벨로퍼의 역사에서 IMF 이후 두 번째 위기는 2008년 미국발 서브 프라임 금융위기이다. 이때도 업계는 큰 충격을 받았고, 성장의 종말을 예고하는 전문가가 많았다. 그러나 분양업계는 발 빠르게 위기 극복을 위한 자구책을 마련했다. 대표적인 예가 '조직 분양' 전략으로, 고액 수수료 제도를 도입해 인원을 대거 투입하는 계약 결과 위주의 방식이다.

조직 분양이 처음 등장했을 때, 나는 김포 양촌 산업단지의 J&D사 아파트에서 근무하고 있었다. 가까운 곳에 악성 미분양으로 방치된 P사의 모델 하우스가 있었는데, 어느 날 모델 하우스에서 약 300명의 인원을 모집해 대대적인 분양에 나선다는 소식이 들려왔다. 그러고 정말로 얼마 안 있어 인파가 북적이더니 금세 분양 마감 플래카드가 걸렸다. 놀라운 경험이었다.

조직 분양은 보통 잔여 세대 분양을 위해 많은 인원이 한꺼번에 투입되기 때문에, 분양 대행사는 인원을 모으는 데에 역량을 집중한다. 당시 분양업을 해본 적이 없는 사람들까지 대거 투입되어 단기간에 적지 않은 세대를 판매한다는 게 나에게는 충격이었다. 초반에는 부정적인 시각이 많았다. 비전문가가 높은 수수료를 챙기며 무책임하게 계약만 성사시키는 마케팅은 불 보듯 뻔하다고 생각했다. '이런 말도 안 되는 시스템은 금방 사라질 거야.'라고 동료들과 호언장담했다. 그러나 이런 예상과는 달리 조직 분양 마케팅은 나날이 발전했고, 나 역시 이 분야의 수장으로 일하고 있다.

Appendix 1. 모델 하우스의 꽃 도우미

모델 하우스를 운영하려면, 건설사와 분양 대행사 직원, 도우미, 전화 상담원, 모니터 요원, 아르바이트생에 이르기까지 다양한 인력이 필요하다. 그리고 화려한 모델 하우스에서 단연 돋보이는 건 도우미이다. 눈에 띄는 미모에 고객에게 제공하는 부동산에 대한 식견은 전문가에 비견할 만하다. 그렇다면 모델 하우스에서 도우미는 어떤 일을 할까?

모델 하우스의 도우미는 나이 제한은 없지만 20대 초중반에서 30대 초반의 여성이 주를 이룬다. 종일 서서 일하고 계속 말을 해야 해 체력적으로 강해야 버틸 수 있는 직업이기도 하다. 블로그를 운영하면서 도우미에 대한 질문을 받을 때가 의외로 많은데, 보여 지는 직업이라 외모에 대한 문의가 많다. “저는 현재 대학 졸업반인데, 키가 작아요. 도우미가 될 수 있나요?”라는 식이다. 현실적으로 도우미를 채용할 때는 키도 어느 정도 본다. 작은 59㎡ 타입의 평형을 분양할 경우 168~170cm 이상, 유니폼 55사이즈 등을 요구하는 곳도 있다.

취업 경로를 묻는 질문도 단골 질문이다. “모델 하우스 도우미가 되려면 어떻게 해야 하나요?”라고 말이다. 실질적으로 모델 하우스의 도우미가 되고 싶다면, 신체 조건을 확인한 다음 스튜디오에서 프로필 사진을 찍어 기획사나 분양 대행사에 지원하면 된다. 전문 내레이터 모델이나 배우, 승무원 지망생이 많이 지원하는 편이며, 학력에 제한은 없지만 요즘에는 고학력자의 비율도 높아졌다.

나도 처음에는 각종 전시회에서 내레이터 모델로 활동하다가 조금 더 처우가 좋은 모델 하우스 도우미로 전향하면서 부동산 업계와 인연을 맺었다. 내레이터 모델의 세계도 치열하다. 당시, 모터쇼나 에어쇼에 나가는 내레이터 모델은 16~17만 원을 받았고, LG전자나 삼성전자의 제품을 소개하는 전시회 내레이터 모델은 메인 MC를 볼 수 있으면 12~13만 원 정도를 받았다. 그 외는 8~9만 원 정도를 받았다. 그러나 전시회는 보통 사나흘이면 끝난다. 일당은 높지만, 일이 이어지지 않으면 수입이 들쑥날쑥하다. 또한 경력에 따라 다르지만, 요즘은 수도권 근무 시 10~12만 원 정도를 받는다. 초보자는 10만 원, 경력자는 11만 원, 팀장은 12만 원 수준이다. 내레이터 모델보다는 급여가 적지만, 모델 하우스는 몇 개월에 걸쳐 일할 수 있어 고용 기간이 안정적인 편이다. 한 달 급여로 계산하면 수입이 나쁘지 않다. 그리고 모델 하우스 도우미는 하이힐이 아닌, 슬리퍼를 착용하는 것도 장점이다. 실내의 마감재를 보호하기 위해서이다.

도우미는 말 그대로, 고객이 편하게 관람할 수 있도록 도움을 주는 역할을 한다. 사실 모델 하우스를 방문하는 고객 중에는 부담스럽다는 이유로 상담석에 앉는 걸 꺼리는 사람도 있다. 이때 도우미는 편안하게 다가가 간략하게 상품을 설명하고, 상담석으로 이끄는 역할을 할 수 있어야 한다. 모델 하우스는 수많은 사람이 오가는 만큼 별의별 일이 일어난다. 사은품과 경품에만 관심 있는 고객, 다짜고짜 반말하며 하대하는 고객, 끈적끈적한 눈빛으로 쳐다보는 고객, 무턱대고 꼬치꼬치 묻기만 하는 고객을 상대하다 보면 회의감이 들 때도 있다. 그렇다고 잘못 응대하면 민원이 발생해서 울고 싶은 상황이 생기기도 한다. 또한, 건설사 임원이 방문하거나 오픈 전 마지막 리허설 때는 굉장히 긴장된다. 눈치가 빠르고 유연해야 어떤 상황이든 문제없이 대처할 수 있다.

실무에서 가장 주의해야 할 부분은, 고객에게 정확한 정보를 전달하는 것이다. 분양 현장마다 고객에게 전달해야 할 정보가 다르므로 건물의 모형도와 위치도, 평형을 잘 파악하고 있어야 하고, 많은 사람이 다양한 질문을 하니 정확하게 의사를 전달하고, 밝고 상냥한 미소를 지녀야 한다. 분양 현장의 첫인상을 결정하기 때문이다.

일하면서 가장 보람을 느낄 때는 분양이 잘 되었을 때다. 그러나 도우미는 분양이 완료되면 일자리가 없어지는 것을 뜻한다. 그리고 실제 크기의 견본 주택은 오픈 일주일 전이나 바로 전날까지 공사를 해 급하게 완성되므로, 각종 환경 호르몬에서 자유로울 수 없다. 피부가 예민한 사람은 힘들 수 있다. 오래 서 있다 보면 허리 통증과 다리 부종은 덤이다.

모델 하우스 도우미로의 구직을 희망한다면 장단점을 잘 알았으면 한다. 나에게 맞는 직종인지 숙고하고, 부동산 지식을 습득해야 한다. 기회는 예고 없이 찾아오고, 준비된 자만이 기회를 잡을 수 있다.

PART 2

20년 분양 고수가 알려 주는 슬기로운 분양 생활

01

아무도 알려 주지 않는 분양업의 속사정

오늘은 워킹 대기 중. 영어와 우리말이 이상하게 섞인, 신조어도 암호도 아닌 이 표현은 모델 하우스 직원이 손님을 기다릴 때 쓰는 표현이다. 모델 하우스 입구에서 손님을 맞이하는 방식은 '워킹'과 '지명' 두 단어로 분류된다.

'워킹'은 직원과의 접촉 없이 순수하게 모델 하우스 관람을 위해 방문한 고객 혹은 1회 이상 찾아왔으나 담당자를 지명하지 않은 고객을 말한다. 그리고 '지명'은 방문 예정자로 명단에 등록된 고객으로, 담당자가 정해져 있는 방문자를 말한다. 상담사는 오픈 전에 전단, 문자, 포스터, 플래카드, 블로그, 온라인 게시물 등을 통해 고객의 명단을 확보하고, 모델 하우스 방문 예정자로 등록해 자신의 지명 고객을 관리한다. 이렇게 구분함으로써 방문 고객을 효율적으로 관리하고 계약률을 높인다.

고객이 방문하면, 가장 먼저 반겨 주는 사람은 도우미이다. 도우미는 바로 고객의 전화번호 뒷자리를 확인해, 워킹 고객과 지명 고객을 확인한 뒤 담당자를 안내하거나 순차적으로 배정한다. 그리고 본격적으로 모델 하우스 관람이 이루어진다. 이러한 도우미의 역할은 매우 중요하다. 간혹 담당자를 배정받아 기다리는 과정에서 감정이 상하거나, 전화번호 노출 과정에서 불쾌감을 느끼게 되면 계약이 성사될 확률이 낮아지기 때문이다. 지명 고객이지만 담당자를 만나는 일이 성가셔 워킹 고객으로 입장하는 경우도 다반사다. 어찌 되었든, 고객이 중요하게 생각하는 건 담당자를 만다는 게 아니라 모델 하우스 관람이기 때문이다.

그러나 고객과 달리 담당자는 지명 고객 한 명 한 명이 소중하다. 건당 몇백만 원의 수수료가 걸린 일이기 때문에, 지명 고객을 노심초사 기다린다. 어쩌다가 지명 고객임에도 불구하고 워킹 고객으로 입장해 다른 사람에게 홀연히 계약까지 하고 갔다는 소식을 들으면 억울해 팔짝 뛰기도 하고, 애꿎은 도우미에게 분류를 잘못해 주어 그렇다며 화풀이하기도 한다. 그러나 달라지는 건 없다. 정답은 고객 관리를 스스로 철저히 하는 것뿐이다.

예전에는 길에 걸린 플래카드를 보고 문의하는 사람이 많았다면, 요즘은 온라인으로 정보를 미리 찾아보고, 전화 상담 후에 모델하우스를 방문하는 고객이 많아졌다. 이런 고객은 보통 한 현장에서 두세 명의 상담사와 전화로 상담하게 되는데, 가장 친절하게 답변해 주는 상담사나 티슈라도 살뜰히 챙겨 줄 것 같은 담당자를 찾기 마련이다. 그러므로 상담사는 고객이 자신을 기억하고 찾을 수 있도록 확실한 연결고리를 만들어야 한다. 고객에 대한 이해를 바탕으로 한 철저한 준비만이 오해의 소지를 줄이고 계약률을 높일 수 있음을 명심해야 한다.

02

신뢰 가는 분양 상담사의 첫걸음, 공감과 리액션

세상에서 제일 어려운 것 두 가지는? 바로 '내 생각을 남의 머릿속에 넣는 것'과 '남의 주머니에 있는 돈을 내 주머니로 옮겨오는 것'이다. 고객 서비스 마케팅 분야의 대가인 장정빈 교수는, 이렇게 커뮤니케이션과 마케팅을 동시에 포함하는 일이 가장 어렵다고 말했다. 커뮤니케이션과 마케팅을 포함한다는 것은, 내가 파는 상품과 서비스의 장점을 고객의 머리에 입력시켜 구매로 연결하는 것을 말한다.

분양 상담사는 고객에게 필요한 정보를 짐작해 최대한 많은 정보를 전달해 주고 싶어 한다. 그래서 가끔은 고객의 말을 듣기보다 빨리 본론으로 들어가서 원하는 결과를 얻으려고만 하는 실수를 저지른다. 그러나 현실은 다르다. 영업의 절반 이상은 경청에 달려 있다는 걸 명심하자. 영업의 고수, 설득의 고수는 경청의 달인이다. 상대에게 공감하고, 친밀감을 조성해 고객과 눈높이를 맞춘다. 말을 많이 하기보다 상대의 말을 잘 들어 준다. 내가 말을 많이 할수록 고객은 떨어져 나간다고 생각하라. 입을 닫고 상대가 이야기하게끔 하면 고객은 내게로 온다.

가볍게 방문한 모델 하우스에서 쏟아지는 설명을 들은 고객은 어떤 기분일까? 아마 부담을 느껴서 빨리 그 자리를 이탈하고 싶을 것이다. 편안하게 관람할 수 있도록 하고, 고객이 말하도록 유도하자. 리액션을 잘하는 것도 방법이다.

우리나라 사람 대부분이 리액션에 약한데, 영업인이라면 쑥스럽더라도 적극적으로 리액션하는 게 좋다. 방송인 유재석 씨도 사실 말보다 경청과 리액션을 잘한다. 경청과 리액션의 달인으로 봐도 무방하다. 영업의 달인은 경청의 달인이고, 경청의 달인이 되기 위해서는 리액션을 잘해야 한다는 걸 염두에 두자.

말하는 사람과 듣는 사람 중 누가 대화의 주인공일까? 바로, 듣고 질문하는 사람이다. 말을 많이 한다고 대화를 리드하는 게 아니다. 유창한 말보다 풍부한 리액션으로 반응하며 경청하는 게 실제 대화의 주인공이고 최후의 승자이다. 분양 상담사의 역할은 상대를 무장 해제시켜 니즈를 파악하고, 니즈에 알맞은 해결책을 제공하는 것이다.

상담이 끝난 후 '저 사람 참 말 많네.'가 아닌 '조금 더 이야기를 나누고 싶다.'라는 생각이 들게끔 해야 한다. 사실 고객은 상담사의 설명에 집중하지 않는 경우가 많다. 계속 설명만 하며 쫓아다니면 '도대체 저 사람은 나한테 관심이 있긴 할까? 그냥 혼자 구경하고 싶다. 빨리 이 시간이 끝났으면 좋겠다.'라고 생각한다. 상담사만 일방적으로 떠들면 돌아오는 대답은 "네, 생각해 볼게요."라는 완곡한 거절뿐이다.

상담사는 설명하는 사람이 아니다. 고객이 어떤 사람인지, 무엇을 궁금해 하는지를 파악해 그에 맞는 내용을 전달하는 사람이다. 경청하고 니즈를 파악하라. 물론, 답변하면서 고객이 내 이야기를 잘 이해하고 있는지 확인해야 한다. 중간중간 질문하자.

"여기까지 혹시 궁금한 건 없으신가요?"
"혹시 제 설명과 다르게 생각하는 부분이 있으신가요?"

이렇게 물어야 한다. 그리고 무조건 팔려고만 하는 사욕을 버려야 한다. 고객의 니즈를 파악하고, 그 니즈에 알맞은 상품임을 스스로 깨닫게 만들자. 그러면 고객이 먼저 "그래서 이게 얼마인데요?", "그럼 이걸 구매하려면 어떻게 해야 해요?"라고 되물을 것이다.

또한, 지금 사지 않는다고 홀대하면 안 된다. 모델 하우스를 방문하는 고객은 3년 뒤, 10년 뒤 집을 구매할 수 있는 잠재적 수요자이다. 진정성 있게 정보를 주고, 구매 결정을 이끌어 내자. 확신을 줄 수 있어야 한다.

03 분양업에서 주연이 되는 방법

컨설팅과 세미나 진행 시 자주 듣는 두 가지 질문이 있다. 첫 번째 질문은 "어쩌면 그렇게 말을 잘하세요?"이다. 이럴 때는 꼭 하는 이야기가 있다. 성공한 많은 사람에게 역경이 있듯이 나에게도 역경 스토리가 있다. 나는 사람들 앞에서 이야기하는 걸 정말 싫어했다. 게다가 유전적으로 얼굴이 잘 빨개져서, 어떨 때는 술을 마시거나, 어디가 아픈 건 아닌지 오해받은 적도 있다. 유전적인 문제라 연습으로 극복할 수도 없었다. 특히 열띠게 상담하다가 고객의 시선이 붉어진 내 목으로 향하는 순간, 말문이 막히고 숨조차 쉬기 힘들었다. 각종 레이저 시술을 하고, 약을 먹어 보아도 헛수고였다.

그래도 나는 극복했다. 결론부터 이야기하자면, 지금도 여전히 감성 홍조 알레르기 체질이다. 그러나 깡과 오기로 버텼다. 내가 여기서 계약을 못 하면 굶어 죽는다는 각오로 상담에 임했다. 돈을 빌딩에 비유한다면 나는 지하 30층에 있는 격이었다. 홍조보다 당장 내일 먹을 쌀을 걱정해야 할 처지였다. 이런 각오로 일하자 저절로 힘이 솟았다. 정면승부만이 답이었다. 여전히 타인과 마주하면 얼굴과 목이 붉어지지만, 신경 쓰지 않는다.

나는 이 에너지를 오히려 자기 계발에 투자했다. 하루에 몇 시간씩 상담을 연습하고, 분양에 대한 스토리텔링을 구상하고, 수많은 관련 도서와 세미나를 섭렵했다. 일체유심조이다. 모든 것은 마음먹기에 달렸다. 이렇게 스스로 극복하고 나니, 그토록 넘기 힘들어 보이던 산이 문지방의 턱만큼 낮아 보였다. 이후 신기할 정도로 상담할 때 유연해지고, 쉽게 설명한다는 피드백도 들었다. 절실함이 문제를 해결해 주었다.

두 번째 질문은 "저도 잘할 수 있을까요?"이다. 현장에서 매달 첫 주에 직원을 대상으로 '목표 관리 교육 프로그램'을 진행했다. 프로젝트의 방향성과 목표에 대한 교육이었다. 일한 지 3개월 된 초보자에게 한 달 목표를 물었더니, 두 건 계약이 목표라고 했다. 한 건에 수수료가 500만 원이니, 두 건이면 1,000만 원이다. 그렇다면 이 목표를 이루기 위해서 얼마나 계획하느냐 물었더니, 이를 위해 투자할 수 있는 시간은 두 시간뿐이라고 했다. 두세 시간 일하고 1,000만 원을 벌 목표를 정했다는 말과 같다. 결과는 어땠을까? 그 직원은 일이 적성에 맞지 않다며 한 달을 못 채우고 그만두었다.

목표를 이루려면 계획을 세워야 한다. 목표까지 도달할 수 있는 사다리가 필요한 것이다. 그런데 대다수는 사다리가 왜 필요한지조차 알지 못한다. 치밀한 계획 없이 안일하게 일하다가, 결국에는 일이 적성에 맞지 않는다고 말한다. 사실, 적성에 안 맞는 게 아니라 목표에 따른 구체적인 실천 방안을 만들지 않아서이다. 또한 목표는 구체적이어야 한다. 목표가 구체적인 사람이 목표를 달성한다. 3년 전 매달 200~300만 원씩만 정기적으로 벌면 좋겠다던 60대 실장님은 현재 배우자와 함께 월 800~1,000만 원을 벌고 있고, 결혼으로 대기업에서 퇴직을 권고 받았던 30대 실장님은 남편보다 더 안정적으로 수익을 내고 있다. "저 이번 현장에서 돈 못 벌면 길바닥에 나앉아야 해요."라며 절박함을 호소했던 40대 가장인 직원은 5년 후 본부장이 되어 연봉 2억 달성을 눈앞에 두고 있다. 이들의 성공에는 공통점이 있다. 주어진 일에 자신을 맞추었다는 점이다. 지푸라기라도 잡고 싶은 간절함으로 일에 자신을 걸고 최선을 다했다. 이렇게 열정으로 똘똘 뭉친 사람은 차곡차곡 단계를 밟아 전문가가 된다.

간혹 고수익을 낼 수 있다는 말에 허황된 포부만 이야기하는 사람이 있는데, 말만 하고 노력이 없으면 허세가 된다. 이런 사람은 주인공이 아닌 조연이 될 수밖에 없다.

04

계약의 8할은 첫인상에서 판가름 난다

몸이 아파서 병원에 갔는데, 병원 문을 열자마자 낡은 시설과 누런 가운을 입은 의사가 나온다면? 의학 지식이나 치료에 있어서 그가 전문가라는 건 알지만 왠지 모를 불안감이 느껴지는 건 어쩔 수 없을 것이다. 마찬가지이다. 분양을 받으려고 모델 하우스를 찾았는데, 후줄근한 행색의 상담사가 질문할 때마다 "잠깐만요. 물어보고 올게요.", "찾아보고 말씀드릴게요."라며 바로바로 대답을 못 한다면? 고객은 해당 상담사를 신뢰하지 않을 것이다.

사람을 첫인상으로 판단하지 말라는 말도 있지만 뒤집어 생각해 보면 첫인상이 상대에게 긍정이든 부정이든 중요한 역할을 한다는 뜻이다. 일회적인 만남이 비일비재한 영업 분야에서의 첫인상은 계약의 열쇠라고 해도 과언이 아니다. 첫 만남에서 최상의 컨디션과 밝은 표정으로 고객 관리에 능숙한 프로라는 인상을 심어 주는 데 힘쓰자. 좋은 첫인상을 남기는 방법은 의외로 간단하다. 옷차림을 단정히 하고, 진정성 있게 응대하자. 숙취에 시달린 얼굴, 푸석푸석한 얼굴은 프로다운 인상을 줄 수 없다. 궁금한 점이 있는 고객은 이런 피곤한 얼굴로 잔뜩 인상을 찌푸린 상담사에게 절대로 질문하지 않을 것이다.

우리가 살아가는 데 필요한 매너는 사실 유년 시절에 다 배운다. 그런데도 기본적인 예의조차 지키지 않는 성인이 많다. 자신을 베테랑이라고 생각하지만 티셔츠 차림으로 상담하는 팀장, 슬리퍼를 질질 끌며 고객을 맞이하는 실장은 초심을 잃고 열정도 사그라든 사람이며, 성과도 좋지 못하다. 프로일수록 초심을 잃지 않고 변화를 유연하게 받아들인다. 신뢰감을 주지 못하는 옷차림과 매너는 무기 없이 전쟁터에 나가는 것과 같다. 옷차림 역시 예절의 한 분야이며, 가장 쉽게 고객에게 나를 어필할 수 있는 부분이다.

표정에도 신경 쓰자. 무표정과 뚱한 표정이 아닌, 편안한 미소와 웃음기 머금은 인사 역시 나만의 비밀 병기가 될 수 있다. 첫인상은 고객과의 물꼬를 트는 중요한 시작점이다. 고객에게 신뢰 가는 인상을 주어야 니즈를 파악할 수 있는 다음 단계로 이어진다. 간혹 이런 지적을 식상하다 생각하며, 계약을 한번에 성사시키는 기술과 고객 설득 요령에만 관심을 기울이는 사람이 있는데, 그 마음을 모르는 바는 아니지만 이 역시 기본이 되어 있을 때 가능한 일이다. 잊지 말자. 내 경쟁력의 첫 단추는 기본기로 무장한 첫인상에서 시작한다.

05 첫 단추부터 신중하게_ 기본기 익히고 배우기

분양 상담사는 관람을 잘 이끌어야 한다. 관람 때는 포스마다 핵심적으로 설명해야 할 항목이 있는데, 상담사는 이 핵심을 최대한 압축해서 흥미롭게 전달할 수 있어야 하며, 말하고 싶은 것과 말해야 하는 것을 철저하게 구분해서 의미 있는 말을 해야 한다. 이제 막 분양 상담사의 길에 첫발을 내디딘 초보자에게 안내자가 되어줄 관람 노하우를 공유한다.

첫째, 아낌없는 칭찬으로 좋은 첫인상을 남기자. 남녀가 소개팅에서 만남의 지속 여부를 결정하는 요인 중 하나가 좋은 첫인상이다. 첫인상이 좋으면 지속적인 만남으로 이어질 가능성이 높지만, 첫인상이 나쁘면 극복하기까지 시간과 노력이 필요하다. 이렇게 첫인상은 사람과의 첫 만남에서 관계를 맺기 위한 중요한 요소이며, 영업 현장에서도 마찬가지이다.

좋은 첫인상은 외모와 분위기를 통해 자연스럽게 형성될 수도 있지만 노력해야 하는 부분도 있다. 상담사는 고객에 대한 정보를 알지 못하므로, 고객이 입구에 발 디디는 순간부터 빠르게 성향을 포착하고 판단해야 한다. 어떤 말로 칭찬을 건넬지, 무엇을 배려할지, 어떤 동기를 유발할지를 판단하고, 겨울에는 따뜻한 차 한 잔을 여름에는 시원한 물 한 잔을 건넬 수 있어야 한다. 첫인상에서 호감을 주는 비결은 '고객의 눈에 보이는 장점을 빠르게 알아채고 기분 좋은 첫마디를 건네는 것'이다. 평소 첫 만남에 대해 시뮬레이션을 하는 게 좋다.

둘째, 단순 관람 고객을 내 고객으로 만들자. 모델 하우스에는 구경 겸 경품을 타기 위해 오는 사람도 많다. 즉, 모든 방문객이 분양에 목적이 있는 건 아니다. 그러나 '언젠가는 내 집을 마련하고 싶다.' 또는 '부동산 투자로 돈 좀 벌어 보고 싶다.'라는 바람은 마찬가지이므로 상담사는 이들의 내재된 욕구를 끌어올릴 수 있어야 한다. 나는 관람 전에 미리 사은품을 증정하고, 기본적인 인적 사항을 받아 두기도 한다. 가볍게 선물을 건네며 방문 목적을 파악하는 것이다. 그러고는 그에 맞는 정보를 알려드리기도 하고, 때로는 고객을 소개 받는 행운을 만나기도 한다. 영업인은 늘 열려 있는 마음으로 모든 고객의 가능성을 봐야 한다.

셋째, 이동 시간을 활용해 가볍게 워밍업 대화를 이끌자. 첫 만남에서 고객이 가볍게 웃을 수 있는 정도의 인사를 나누었다면 성공이다. 이제 본격적인 관람이다. 보통 아파트의 위치도에서 모형도, 타입별 유닛, 커뮤니티 순서로 관람하고 테이블 상담을 하게 되는데, 각 포스로 이동하는 짧은 시간에 고객의 라이프 스타일이나 원하는 집에 대해 파악하면 좋다. 모델 하우스의 방문 목적이나 현재 사는 아파트 층수, 살면서 불편한 점 등을 가볍게 물으면, 브리핑의 방향을 설정하는 데 도움이 된다. 다음은 포스별 체크 사항이다.

위치도

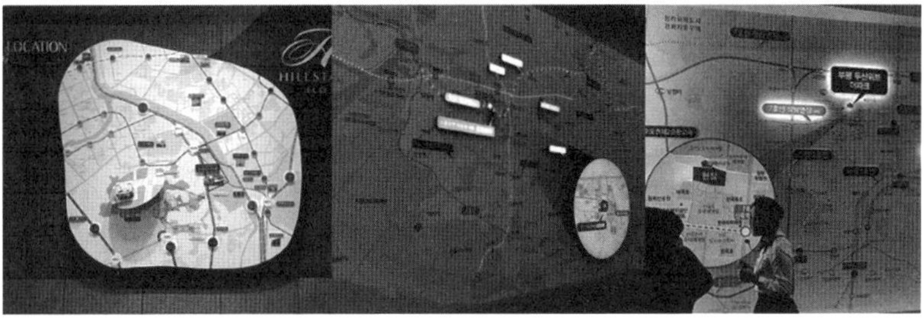

모델 하우스에서 제일 먼저 안내하는 곳은 아파트의 입지를 나타내는 '위치도'이다. 부동산에서 중요한 것은 뭐니 뭐니 해도 '입지의 가치'이다. 위치도 앞에서 주변 개발 호재를 간단히 언급하자. 그리고 고객의 현재 거주지를 파악하는 것도 좋다. 대부분 내가 사는 곳 주변의 호재에 관심이 있기 때문이다. 고객의 거주지를 알면 고객의 재정 상태 또한 어느 정도 알 수 있어 유용하다.

모형도(조감도)

'모형도'는 지어질 아파트를 정교하게 만든 축소판 모형을 말한다. 이곳에서는 건물 규모와 기본 개요, 단지 배치, 동별 방향, 일조권, 다양한 편의시설 등에 관해 설명하고, 아파트 외관과 주변 학교, 도로 폭 등을 언급해 입주 시 동선을 체크할 수 있도록 한다. 그러나 이곳에서 모든 정보를 한번에 쏟아내면 이해하기 어려울 수 있으니 서너 가지 정도로 압축해 말하는 게 효율적이다. 고객이 궁금해하는 부분을 듣고 답변해 주는 게 가장 좋다. 주입식 브리핑은 주유구가 열려 있지도 않은 차에 기름을 붓는 격이다. 고객의 귀가 열리지 않은 상태에서 상담사가 미리 베푸는 친절은 교장 선생님의 지루한 조회 말씀과 다르지 않다.

타입별 유닛

보통 유닛의 입구에는 내부 구조와 관련한 안내판이 있다. 이를 보면서 아파트의 구조별 장점과 방향 및 전체 세대수 대비 현 타입 세대수 구성을 요약해 설명한다. 이렇게 브리핑하고 유닛의 내부를 둘러보면 고객의 이해를 한층 높일 수 있다. 유닛 관람 중에는 고객

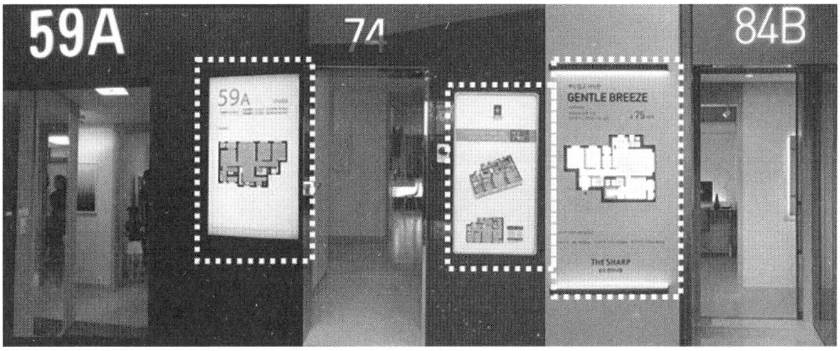

의 관심사가 무엇인지 파악하고 테이블 상담까지 자연스럽게 끌고 가야 한다. 만약 잔여 세대 분양이거나 판매할 타입이 정해져 있다면 해당 유닛을 마지막에 보여 주는 것도 요령이다.

유닛을 관람할 때는 반드시 고객의 관심사를 파악하자. 그래야 테이블 상담에서도 좋은 결과를 기대할 수 있다. 진정성을 담아 고객에게 질문하는 게 중요하다. 좋은 질문에 대해서는 PART 3에서 자세히 다루기로 한다.

다섯째, 고객에게 행복한 이미지를 그려 주자. 달달 외운 듯이 상품의 특징을 설명하기보다는 고객의 머릿속에 이미지가 형성될 수 있도록 생생하게 표현하는 게 좋다. 누구나 모델 하우스를 보며 행복한 미래를 꿈꾼다. 우리는 이런 집을 고객이 예쁘게 꾸미고 사는 모습을 상상하도록 만들어야 한다.

힘든 하루를 마치고 귀가했을 때 깔끔하게 정돈된 집이 주는 편안함, 소중한 내 아이들이 마음껏 뛰어노는 모습 등을 구체적으로 그려볼 수 있게 하자. 그렇게 형성된 이미지는 곧 간절한 구매 욕구를 불러온다. 알아두자. 고객의 머릿속에 각인시켜 주어야 할 것은 상품의 특징과 성능이 아니라, 고객의 행복한 미래이다.

사람은 안락한 나만의 집, 나만의 안식처를 갖고 싶어 하며, 그 욕구는 강렬하다. 우리는 이런 고객의 꿈을 파악하고, 그 꿈에 힘을 보태어 주는 사람이다.

06 당신을 전문가로 만들어 주는 주문_ 설명보다 질문이 우선이다

영업에서 중요한 것은 클로징 멘트이다. 고객의 구매를 확정 짓게 만드는 한마디는 여러 번 강조해도 지나치지 않다. 그렇다면 어떤 클로징 멘트를 해야 할까? 초보 상담사 중에는 클로징 멘트의 중요성을 알면서도 제때 활용하지 못하고 머릿속에 떠오르는 내용을 전부 설명한 후에 마지막으로 속이 보이는 '계약 의사'를 묻는 경우도 있다. 그런데 고객은 상담사의 말을 오롯이 집중하여 들었을까? 유감스럽게도 그렇지 않을 확률이 높다. 상담사는 최대한 많은 설명을 늘어놓을 것이 아니라 고객이 궁금해 하고, 필요로 하는 부분을 파악하고 언급해야 한다. 말하는 중간중간에 고객이 내 이야기를 잘 따라오고 있는지 확인하는 것도 잊어서는 안 된다.

"지금까지 말씀드린 부분에 대해 궁금한 점은 없으신가요?"
"혹시 다르게 생각하는 부분이 있으신가요?"

이렇게 고객의 궁금증이 해소되고 있는지, 마음에 걸려 하는 부분은 없는지 확인해야 한다. 그렇지 않으면 지금껏 들인 수고는 헛수고다. 일방적으로 말을 많이 할 게 아니라, 계속 물어보면서 원하는 바를 파악하고, 그에 따른 핵심을 첨언하면서 클로징 멘트를 슬며시 던지자.

"그러니까 지금 이 조건이 나온 거예요."
"그래서 바로 지금 해야 하는 거거든요."
"그래서 고객님께 딱 맞는 조건이라고 말씀드리는 거예요."

부동산은 정부의 부동산 정책과 밀접하게 연관되어 있다. 강도 높은 부동산 규제와 경기 침체가 계속되면 미분양이 속출한다. 그러나 이런 시기에 파격적인 세제 감면과 다양한 혜택이 주어지는 법이다. 과거에도 이런 사례가 여러 번 있었다. 도곡동의 타워팰리스는 서울의 노른자 땅 위에 세워진 최고급 주상 복합 아파트 단지이지만, 분양 초기만 해도 미분양 굴욕을 당했던 미운 오리 새끼였다. 그래서 정부는 경기 부양을 위해 전용 면적 50평을 넘지 않는 신규 미분양 취득에 대해 한시적으로 양도 소득세 100% 면제라는 파격적인 혜택을 제공했다. 이를 통해서도 알 수 있듯이 미분양이 꼭 비인기 아파트를 의미하는 것은 아니다. 경기 상황과 맞물린 일시적인 현상일 수 있기에 그에 맞는 예시를 통해 설명해야 한다.

세상에 저렴한 아파트는 없다. 소비자 입장에서 아파트는 항상 비싸다. 하지만 상품의 분양가는 미래 가치를 두고 책정되므로 고분양가라고 해도 분양 당시가 아니라 입주 시 상황을 그려볼 수 있도록 설명해야 한다. 상담사는 현재가 아닌, 미래를 볼 수 있는 망원경 역할을 해 주어야 한다.

세일즈란 가치가 없어 보이는 상품에 가치를 부여하고, 필요하지 않을 것 같은 물건의 잠재성을 발견해 주는 일이다. 나아가 상품이 소비자의 삶을 얼마나 윤택하게 만들어 줄 수 있는지 가능성을 보여 주는 일이기도 하다. 지금 상담 테이블에서 고객과 얼굴을 맞대고 있다면 속으로 시뮬레이션 해 보자.

'고객은 지금 무슨 생각을 할까?'
'고객은 지금 무엇을 바라고 무엇을 걱정할까?'
'내가 제안하는 아이디어에 대해 어떻게 생각할까?'

상담은 이렇게 무조건 고객의 입장에서 생각하는 게 우선이다. 고객의 마음을 효과적으로 움직이고 싶다면 '판매'라는 개념을 다른 시각으로 바라보길 바란다. 판매자가 아닌 실사용자 입장에서 보고 느낀 부분을 통해 접근해 보자. 식당만 하더라도 몇 번 가서 직접 먹어 보고 맛있어야 주변에 추천한다. 분양 역시 내가 먼저 상품을 이해하고 애정을 느껴야 팔 수 있다. 분양도 영업이므로 상담사의 역량에 따라 분양률이 달라진다. 고가의 상품이므로 상담사의 신뢰도와 콘텐츠가 고객의 구매 결정에 큰 영향을 미친다. 뛰어난 상담사는 고객이 필요한 부분을 자극하고, 고민할 시간을 단축해 줌과 동시에 상품의 장점을 효과적으로 보여 준다. 상담사는 고객의 숨은 욕구를 끊임없이 자극함으로써 선택을 이끌어 내야 한다. 그렇다고 과대 포장으로 홍보하는 것은 금물이다. 진실함을 전하기 위해서는 진정성이 있어야 한다.

상품이 팔리면 판매자는 '내가 고객을 설득했다.'라고 생각하고, 구매자는 '내가 합리적인 선택을 했다.'라고 생각한다. 어떻게 보면 둘 다 이겼다고 여기니 상생인 셈이다. 그야말로 고객도 나도 행복한 세일즈다.

07

억울하지 않은 팀플레이_ 경쟁할 것인가? 함께할 것인가?

조직 분양의 핵심은 '팀플레이'이다. 팀장과 팀원의 화합이 성공의 열쇠라고 해도 과언이 아니며, 서로 의지하고 힘을 내어 현장을 일구어 나가는 게 이상적이다. 그러나 각자 일하던 사람들이 일시적으로 모여 단기간에 성과를 달성한다는 게 말처럼 쉽지는 않다. 조직 분양 시스템에서는 팀장과 팀원은 수익을 공유해도, 팀원끼리는 수익을 공유하지 않다 보니, 실적이 우수한 직원과 그렇지 않은 직원 사이에 오해가 생기기도 하며, 극단적으로는 팀이 해체되는 경우도 있다.

상생할지 각자도생할지는 결국 팀을 이끄는 팀장에게 달렸다. 리더는 팀원이 성장할 수 있도록 끌어 줄 책임이 있으며, 자신이 뱉은

말 한마디가 팀원에게 어떤 영향을 줄지 생각해야 한다. 팀장의 말에 씻지 못할 상처를 받거나, 다시는 분양업계에서 일하지 않는 사람도 있기 때문이다. 어디에서나 리더의 책임은 무겁다. 사례를 보자.

한 번도 써먹지 못한 공인 중개사 자격증을 갖고 있던 50대 주부 K 씨가 분양 상담사였던 지인의 소개로 경기도 소재의 모델 하우스에 출근하게 되었다. K 씨는 일면식 없는 사람들 사이에서 매일 전단에 전화번호 도장을 찍는 일만 반복했고, 반복된 노동에 오십견이 와 한의원까지 다닐 정도였다. 그러던 어느 날, H 동료가 외부 홍보를 나간 사이에 H 동료를 찾는 고객이 오는 바람에 K 씨가 응대하게 되었다. 그녀는 어깨너머로 봐 두었던 것을 상기하며 모델 하우스를 소개했고, 평상시 갖고 있던 부동산 지식을 총동원해 관람을 이끌었다. 고객은 K 씨의 설명에 흡족해 하는 듯했다. 그러나 고객은 K 씨가 커피를 준비해서 나오는 사이에 팀장과 잠시 이야기를 나누더니 휑하니 나가 버렸다. 팀장이 뭔가 말실수를 했기 때문이다. 그러고는 H 동료가 복귀하자 팀장은 K 씨 때문에 손님이 가 버렸다는 식으로 변명하고 말았다. K 씨는 억울하고 속상했지만, 딱히 하소연도 못 하고 첫 분양 현장을 마무리했다. 나중에 알고 보니, 그 팀장 역시 초보였다.

이후 K 씨에게 함께 근무했던 직원에게 신규 현장에서 함께 일해 보자는 제의가 들어왔다. K 씨는 바로 승낙했고, 비로소 차근차근 일을 배울 수 있었다. 전단에 도장 찍기 외에도 다양한 홍보 방법을 배우고, 전화 응대와 고객 브리핑 등을 익혔으며, 한 달간 두 건의 계약을 성사시키기까지 했다. 그런데 문제는 엉뚱한 곳에서 터졌다. 수수료 전체를 받지 못한 것이다. 알고 봤더니, K 씨를 소개한 직원과 동패(2인 1조로 수익을 배분하는 형태)로 분류되어 50%의 보수를 받은 것이다. 사전에 수수료에 대해 아무 설명을 듣지 못한 K 씨는 억울했고, 팀장은 그녀를 의리 없고 돈만 밝히는 사람으로 몰아갔다. 그렇게 K 씨는 배신감을 느끼며 현장을 떠났다.

실제로 내가 만났던 사람의 이야기이다. K 씨는 제대로 공부하고 시작했으면 좋았을 거라는 후회를 내비쳤다. 그러나 그녀는 현재 다시 분양업계에서 일하고 싶어 한다. 50대가 되니 특별한 전공 없이 경제 활동하기가 쉽지 않기 때문이다. 아마 그녀만의 긍정적인 기운으로 다시 일을 시작하지 않으셨을까 싶다.

그렇다면 리더는 어떤 자질을 갖추어야 할까? 리더는 팀원을 성장하게끔 이끌 수 있어야 한다. 그리고 그 핵심은 '말'이다. 평소 타인에게 독이 되는 언행을 하는 사람이라면 되돌아봐야 한다. 말에는 평소 사람과 세상을 어떻게 바라보는지가 드러나는 법이므로 언어는 곧 그 사람이라고 할 수 있다. 간혹, 일부러 지극히 감정적이고 심술궂은 질문으로 직원의 사기를 죽이는 팀장이 있다.

"○○ 실장님, 최선을 다하신 거 맞아요?"

"도대체 무슨 생각으로 고객한테 그렇게 말한 거예요?"

이런 비난 섞인 질문을 받은 직원은 막다른 골목으로 몰리는 기분일 것이다. 스스로 동기를 부여하며 발전해야 할 팀원의 힘을 차단하는 셈이기도 하다. 리더는 팀원을 성장시킬 수 있는 질문을 던져야 한다.

"다음에도 그런 고객을 만나면 어떻게 해야 할까요?"
"다시 그런 상황이 반복되면 어떻게 해 보실 건가요?"

이런 질문은 팀원의 생각을 자극하고, 좋은 행동으로 이끈다. 한스컨설팅 대표 한근태 작가의 《언어의 리더》에서 커뮤니케이션은 훈련이라고 한다. 태어나면서부터 말을 잘하는 사람은 없다. 말을 잘해야 한다면 연습해야 한다.

말 다음으로 중요한 건 '포용'이다. 리더는 팀원의 보이지 않는 마음까지 읽어야 한다. 일이 뜻대로 안 풀릴 때 느끼는 상실감, 성사시키지 못한 계약에 대한 속상함, 고객을 만날 때의 두려움, 실적이 좋은 동료에 대한 부러움을 이해해야 한다. 팀원들과 좋은 관계를 유지하고, 에너지를 공유하고 싶다면 따로 시간을 만들어 그날 만난 고객들에 대해 이야기하는 것도 방법이다. 경험을 나누고 피드백을 주고받음으로써, 팀원들은 실무와 동시에 위기 대처 능력을 배울 수 있다. 격려도 잊지 말아야 한다. 무조건적인 칭찬이 아니라, 공개적인 자리에서 그날 업무에 대해 구체적으로 칭찬하자. 물론, 잘못한 일에 대한 지적은 일대일로 해야 효과적이다.

이처럼 리더는 긍정적인 언어 구사력과 팀원들의 다양한 관점을 이해할 수 있는 포용력을 지녀야 한다. 팀원들과 교감하는 따뜻한 리더, 유연하게 생각하되 결단력 있는 리더야말로, 대인 서비스가 중요한 분양 상담 업계가 원하는 리더의 모습이다.

상생을 위한 부동산 판매 전략

· 상품에 대한 기본 지식을 습득한다.
· 고객의 표정 등 간접적인 제스처를 통해 고객의 심리를 파악하고 대처한다.
· 군더더기 없는 설명으로 명확한 정보를 전달한다.
· 상품의 현재 가치가 아닌, 미래의 가치에 주안점을 두고 설명한다.

Appendix 2. 모델 하우스 꿀 알바

어떤 일을 할까?

모델 하우스에서 아르바이트생이 하는 일은 다양하다. 신발 정리부터 서류 복사와 전달, 동선 안내 등이다. 사무실에서 설문지를 정리하고 고객 정보를 기재하는 일이나 영수증 처리도 아르바이트생이 하는 일이다. 이밖에 카페테리아나 주차 안내도 있다. 대체로 두세 명이 교대로 근무하며, 숙달만 되면 어렵지 않게 할 수 있다. 점심은 주로 모델 하우스의 케이터링 서비스를 이용한다.

연세가 있는 50~60대 여성들은 주로 모객 행위를 하는 내방 도우미 아르바이트에 종사한다. 모델 하우스는 대부분 번화가에 위치하지만, 분양 현장과 판매하는 물건에 따라 시기 별로 내방 도우미들을 고용해서 적극적으로 모델 하우스 방문을 유도하기도 한다.

어떻게 지원할까?

모델 하우스 아르바이트 구인 구직은 알바몬 같은 인터넷 채용 사이트에서 이루어지지만, 신규 오픈 시에는 많은 인력이 필요하기 때문에 대행업체를 이용하는 게 일반적이다. 인터넷 구인 구직 사이트를 이용해 직접 고용하면 관리비는 절감할 수 있지만, 무단결근이나 지각하는 사례가 빈번해 업체에서는 비용이 들더라도 효율적인 관리를 위해 대행업체를 선호하는 편이다. 내방 도우미 역시 대행업체나 커뮤니티 매니저의 네트워크를 활용한다.

얼마를 받을까?

여덟 시간을 기본으로 하여 8.5~9만 원 선을 받으며, 일주일 이상 근무하면 하루치의 임금을 추가해 주휴 수당을 받을 수 있다. 내방 도우미는 평균 11~13만 원 정도를 받지만, 인력이 모자랄 때는 탄력적으로 더 받기도 한다.

기타 사항

모델 하우스는 단기 프로젝트로 운영하기 때문에 일반 회사와는 다르다. 단기간에 많은 사람이 모여 최대치의 역량을 발휘해야 한다. 물론 모델 하우스도 사람 사는 동네이니 개인사에 대한 허용이 아예 없지는 않다. 다만 각자의 역할에 맞게 인원을 수급하므로 한 사람이 결근하면 일정에 차질이 생긴다. 오케스트라 연주에서 악기 파트 하나가 빠진 채로 연주하는 것과 같다. 갑자기 빠진 파트를 대체하기 위해 누군가는 새로운 부분을 연주해야 할 수도 있고, 지휘자는 공석에 티가 나지 않도록 심혈을 기울여야 한다. 아르바이트 또한 사소하다면 사소하지만, 단순히 용돈 벌이로 그칠 것인지 경험으로 만들 것인지는 본인의 의지와 역량에 달렸다. 누구나 쉽게 도전할 수 있는 일이다. 인터넷 구인 구직 사이트에 프로필을 등록하자. 실제로 아르바이트로 시작해 대형 건설사에 취업해 주택 사업부 마케터로 일하는 사람도 있고, 분양 상담사가 된 사람도 있다. 기회는 예고 없이 찾아오고, 준비된 자만이 기회를 내 것으로 만드는 법이다. 관심 분야가 있다면 주저 말고 도전하자.

PART 3

월 천만 원 버는 프로젝트 성공 노하우

01

고객을 내 편으로 만드는 방법

컨설팅과 강의 때 자주 받는 질문이 있는데, 요약하면 다음과 같다.

"고객이 제 말에 귀 기울이지 않아요."
"테이블 상담까지 연결이 안 돼요."
"고객이 자꾸 말을 끊어서 내용 전달을 제대로 못 해요."

이 세 가지 고민을 달리 말하면, "어떻게 해야 상대가 내 말에 흥미를 느낄까요?"이다. 그간 수많은 사람과 만나며 축적한 나만의 데이터를 바탕으로 그 요령을 소개하고자 한다.

첫째, 재미를 주자. 아래는 우리나라의 일반적인 아파트 게시판에서 흔히 볼 수 있는 공고문이다.

> **쓰레기 무단 투기 금지 안내**
>
> 우리 아파트 ○○○동 ○○라인 창밖으로 담배꽁초 등을 무단으로 버리는 사례가 발생하고 있습니다. 계속해서 쓰레기가 버려질 경우 경찰의 협조를 받아 지문 채취 등 수사 의뢰를 할 수도 있사오니 피해가 없도록 협조하여 주시기 바랍니다.
>
> ○○아파트 관리소장

공권력까지 앞세운 관리소장의 강력한 의지 피력은, 안타깝지만 입주민의 시선을 붙들지 못했다. 그런데 이후, 입주민뿐 아니라 많은 사람의 시선을 사로잡은 참신한 공고문이 나왔다.

> **창밖으로 던져도 되는 것들**
>
> · 자기앞수표를 비롯한 유가 증권
> · 당첨된 복권
> · 각종 귀금속류(짝퉁은 안 됩니다)
> · 천 원 이상의 지폐
> (묶어서 버리셔도 됩니다/동전은 안전사고의 위험이 있으니 정중히 사양합니다)
>
> 우리 아파트 입주민 중 창밖으로 담배꽁초를 던지는 분이 있습니다. 이는

미관을 해치고, 화재 및 안전사고의 우려가 있습니다. 무엇을 버려야 하는지 잘 몰라서 투척하는 행위라 생각하고, 아파트 창밖으로 던져도 되는 것을 알려드리니 참고하시길 바랍니다.

○○아파트 관리소장

보고 또 보고 싶은 센스 만점의 공고문이다. 이 게시물로 인해 모르긴 몰라도 담배꽁초 투기가 줄어들었을 거라 생각한다. 이렇게 재미있을수록 집중이 잘되고 의미를 전달하기 쉬워진다. 대화도 마찬가지이다. 유머러스하게 대화를 이끄는 사람, 평범한 이야깃거리로도 상대를 들었다 놨다 맛깔나게 버무려 내는 사람, 냉랭한 분위기를 화사하고 명랑하게 바꿔 놓는 사람과는 언제든 대화하고 싶어진다. 물론, 쉬운 일은 아니다. 시종일관 유쾌하게 대화할 수 있는 사람이 어디 있을까. 나 역시도 재미있게 말하는 사람은 아니다. 오히려 매사 진지한 편이다. 사람들을 웃겨 주려 한 적도 있지만, 그 모습은 안쓰럽기 그지없었다. 나처럼 재미로 승부를 보지 못할 것 같으면, 진정성으로 노선을 변경하자. 나만의 장점을 살려서 진솔하게 고객을 대하는 것도 방법일 수 있다. 아울러 고객의 이야기를 차분히 들어 주고 호응해 주는 것도 좋은 결과를 기대해 볼 수 있다.

둘째, 정보를 주자. 재미있는 이야기꾼과 거리가 멀다면 '정보 제공자'로서의 역할을 취하는 것도 방법이다. 시장에서 재미있는 사람보다 더 환영받는 사람은 정보를 주는 사람이다. 내 관심사에 딱 맞는 정보를 귀띔해 주는 사람, 따끈따끈한 최신 소식을 알려 주는 사람, 다방면에 걸쳐 전도유망한 이야기를 해 주는 사람에게는 누구나 기꺼이 시간을 내고, 시간이 없으면 시간을 쪼개서라도 만나고 싶어 한다. 고객이 솔깃해할 만한 정보를 준비해 두자. '정보'라고 하면 거창해 보이지만, 사실 몇 배의 수익이 보장되는 정보를 물어다 줄 수는 없다. 소소한 생활 밀착형 정보부터 업무를 위한 정보까지를 수집하고 메모해 두었다가, 적재적소에 풀어 놓으면 된다.

셋째, 설명은 쉽고 간단하게 하자. 보통 정보를 제대로 이해하지 못한 사람이 설명을 장황하게 한다. 적어도 한 분야의 전문가라면, 중학생도 알아들을 수 있을 정도로 쉽고 간결하게 설명할 수 있어야 한다.

기본적으로 분양 상담사는 부동산 관련 이슈 정도는 확실히 파악하고 있어야 한다. 미리 관련 정보를 수집하고, 충분히 소화해서 어떤 질문을 받아도 기민하게 대응할 수 있도록 준비하자. 그리고 실전에서는 고객이 원하는 내용만 쉽고 간결하게 설명하면 된다. '자주 하는 질문'이나 '예상 질문' 목록을 만들어 두는 것도 요령이다. 고객이 주로 어떤 질문을 하는지 평소에 관찰하자. 의외로 비슷한 질문을 할 것이다.

톨스토이는 "사람은 지혜가 깊으면 깊을수록 생각을 나타내는 말이 단순해진다."라고 말했다. 전문가는 정확하고 단순하게 말할 줄 알아야 한다. 이는 부동산 정보를 총망라해서 고객에게 전달해야 할 분양 상담사의 핵심 역량이라고 해도 과언이 아니다. 다양한 정보를 습득하고 간단명료하게 정리하는 습관을 들이자. 사전 준비에 철저할수록 실전에서 만나는 고객을 100% 내 편으로 만들 수 있다.

02

고객을 유혹하는 기술, 마음 읽기

결혼 3년 차 되던 해에 우리 부부에게 큰 변화가 찾아왔다. 생명보험 회사에서 총무와 교육을 담당하던 남편에게 지방 발령이 떨어진 것이다. 회사가 합병되면서 벌어진 일이었다. 남편은 차라리 이 기회에 회사를 그만두고 자영업을 하는 게 어떻겠느냐 물으며, PC방을 창업해 보고 싶다고 했다. 당시 PC방 사업이 전체적으로 잘될 때이기도 하고, 남편이 게임을 좋아하니 괜찮겠다 싶어 흔쾌히 동의했다. 세상 물정을 몰라서 겁 없이 시작한 첫 사업이었다. 살고 있던 아파트에 전세를 놓고는 3,000만 원 정도를 대출받아 경희대학교 수원 캠퍼스 맞은편 건물 2층에 PC방을 오픈했다. 주변에 일곱 개의 PC방이 있는 상황이라 녹록지 않았지만, 6개월이 지나자 우리는 동네에서 두 번째로 높은 수익을 내게 되었다.

그 비결은 기본적으로 남편의 게임 사랑과 착한 심성이었다. 남편은 게임 레벨이 낮은 손님이 오면 며칠이고 같이 날밤을 새우며 상위 레벨로 만들어 주었다. 상위 레벨을 사려면 30만 원은 써야 했기에, 인심 후한 사장이라는 소문이 퍼지며 손님이 모여들었다. 그렇게 총 서른두 대의 컴퓨터로 영업을 시작해 대 수를 늘렸고, 대기 손님도 생겼다. 30분이나 대기하는 손님을 보며 나는 어떻게 해야 손님이 이탈하지 않을지 고민했다. 그래서 대기 손님에게는 모든 음료를 무료로 마실 수 있게 했다. 대기 시간이라고 해 봐야 두 시간이 넘지 않았기에, 서비스 음료는 한두 개에 불과했다. 그리고 방문 시간대와 고객 성향에 맞춰 총 3부로 나누어 맞춤 서비스를 제공했다. 1부는 오후 1시 정도로 초등학생 손님이 타깃이다. PC방 한쪽 공간에 테이블과 책장을 넣고, 대기할 때 그곳에 앉아 숙제를 하게 했다. 엄마들에게 숙제 완료 안내와 준비물 안내 문자를 넣어 주기도 했다. 아이가 PC방에 가는 걸 달가워하지 않던 부모들이 우리 PC방에 가는 것만큼은 허락해 주는 분위기가 형성되었다.

1부 초등부가 끝나면 중·고등부와 사회인 대상의 2부가 시작된다. 이들은 주로 각자 관심 있는 게임만 한다. 나는 대기하는 마니아들을 위해서 게임을 카테고리별로 나눠 뉴스와 공략법, 필살기, 노하우를 담은 정보를 잡지처럼 만들어 비치해 두었다. 그리고 수시로 최신 버전으로 업데이트하는 걸 잊지 않았다. 2001년에는 지금처럼 인터넷으로 쉽게 정보를 취할 수 있는 시기가 아니었기 때문에, 내가 만든 게임 잡지는 꽤 인기가 있었다.

이 시간에 오는 손님은 대부분 단골이라 그들을 위한 패키지 카드도 만들었다. 일정 금액을 충전하면 서비스 시간을 주는 시스템이었는데, 대부분 이 카드를 샀다.

10시가 넘으면 미성년자들이 귀가하고 3부가 시작된다. 이 시간에는 진짜로 게임을 사랑하는 마니아나 처음 보는 사람들이 방문했다. 집으로 돌아가는 버스를 놓쳐 저렴하게 밤을 보내기 위한 외지인이 주였다. 나는 이런 야간 손님을 위해 컵라면과 커피, 달걀 같은 소소한 간식을 준비했고, 자정이 넘어서도 게임을 하는 손님에게는 특별히 짜장면이나 짬뽕 같은 사식을 챙겨 주었다. 그렇게 첫차가 다니기 시작할 무렵이 되면, 3부가 끝난다. 이 시간이 되어서야 비로소 우리는 아침 청소를 시작하고 다음 손님을 맞이할 준비를 했다. 24시간 운영이라는 특성상 쉴 시간이 전혀 없었다. 그러나 장사가 잘되니 피곤한 줄을 몰랐다.

우리 가게만의 맞춤형 서비스는 동네에서 호평을 얻었고, 수익으로 이어졌다. 고객이라고 다 같은 고객이 아니다. 고객마다의 성향과 특성이 있으므로, 서비스업 종사자라면 그 특성을 파악하고 맞춤형으로 다가가야 한다. 내가 필요로 하는 서비스를 챙겨 주는 사람을 마다할 사람은 없다. 진정성을 갖고 고객에게 다가가면 고객 관리가 마냥 어렵게 느껴지지 않을 것이다. 영원한 고객으로 만드는 최고의 전략은 고객에 대한 관심과 이해에서 출발한다.

03

악재 속에서 신화를 기록한 디큐브시티 분양의 비밀

대성산업은 역세권 개발이 한창이었던 구로구 신도림역 연탄 공장 부지에 일본의 롯폰기 힐스를 벤치마킹한 복합 단지 '디큐브시티' 건설을 공표했다. 롯폰기 힐스를 디자인한 미국의 저디(JERDE) 그룹과 삼우건축사무소가 단지 설계를 맡고, 개발과 운영 컨설팅은 일본의 모리그룹이 맡은 대형 프로젝트였다. 디큐브시티는 총 524세대로 구성된 서울 최초의 주거, 문화, 호텔, 쇼핑몰, 컨벤션 복합 단지로 분양 초기부터 이슈였다. 특히 1,200석 규모의 뮤지컬 전용 극장 디큐브 아트센터는 문화와 주거 공간을 통합한다는 점에서 단지의 꽃으로 불리며 기대감을 불러일으켰다. 주변 단지도 들썩였다. 실거주와 투자 목적을 동시에 만족시키는 프리미엄 아파트는 주변 집값을 올리는 견인차 역할을 할 것이 당연했기 때문이다.

보통 휴가와 장마가 있는 7~8월은 부동산 비수기지만, 2011년은 유례없는 물량이 쏟아져 나왔다. 9월부터 분양가 상한제가 실시된다는 소식에 7~10년간 전매가 제한되는 것을 꺼려 건설업체들이 분양 인허가 일정을 앞당긴 까닭이다. 한편, 소비자들은 대출 규제가 적은 6억 원 이하의 아파트에 대한 관심이 높아지던 때였다. 그래서 중소형 평수가 주목 받고, 대형 평수는 외면 받는 분위기였다. 그러나 디큐브시티는 이 모든 상황을 역행했다. 명품 아파트 이미지로 60% 이상을 전용 면적 105㎡(45평) 이상의 중대형 평수로 공급한 것이다. 3.3㎡당 2,200만 원대라는 고 분양가로 책정하기까지 해 모두를 놀라게 했다. 당시 인근에서 가장 비싼 아파트가 3.3㎡당 1,700만 원 수준이었으므로 어마어마한 가격이었다.

나는 디큐브시티 분양 현장에 투입되어 준비 기간 두 달을 포함해 총 다섯 달을 참여했다. 통상 모델 하우스 사전 홍보 기간에는 사업지 인근 거주자들에게 대대적인 마케팅을 한다. 유동 인구가 많은 곳에서 다양한 판촉물을 배포하며 분양 시작을 알리고, 설문 조사를 통해 고객의 반응을 집계해 모델 하우스 운영의 전반적인 준비를 하는 것이다.

"여기 뭐가 들어와요?"

"연탄 공장 부지에 지상 51층 규모의 주상 복합 아파트가 들어섭니다. 지하철역 주변과 연계해 만 평 정도 규모의 공원도 조성되고요. 실거주와 투자 목적을 동시에 만족시킬 수 있는 프리미엄 아파트가 공급될 예정입니다."

"언제 분양 시작해요?"

"7월경 분양 예정입니다."

우리는 모든 안내에 '예정'이라는 단어를 반드시 붙인다. 혹시 모를 민원에 대비하기 위함이다.

"분양가는 얼마인가요?"

"아직 확정이 안 되었어요. 대략 2,000만 원 초반으로 나올 것 같습니다. 일단 연락처 남겨 주시면 모델 하우스 오픈 때 안내 문자 드리겠습니다."

"와. 신도림이 그렇게 비싸요? 목동 하이페리온을 능가하겠네요."

"분양가가 비싸니 미분양이 나겠죠? 청약 통장 안 쓰고 그때 분위기 봐서 생각해 볼게요."

"저는 돈이 없어서 분양은 못 하겠지만 덕분에 우리 집값도 오르겠네요."

사전 홍보 기간에는 이렇게 투자자부터 집값 상승 호재를 기대하는 주민까지 많은 사람을 만난다. 대행사는 이런 반응을 수집해 향후 홍보 방향을 기획한다. 오랜 경험에 비추어 봤을 때, 디큐브시티는 당시에도 확실히 상품 가치가 있었다. 나는 그런 확신으로 품격 있는 아파트를 강조하며 여느 때보다 열정적으로 홍보했다. 결과는 기대 이상이었다. 디큐브시티는 시대에 부응하지 않는 대형 평수 공급과 고 분양가로 회의적인 시선마저 잠식시켰고, 71.3:1의 경쟁률을 보이며 대부분 1순위에서 마감되었다. 85.99㎡(26평형) 경쟁률이 71:1로 가장 높았고, 149㎡(45평형), 215㎡(65평형) 등 중·대형 평형도 각각 2:1과 2.8:1의 경쟁률을 보였다. 평균 5:1의 경쟁률을 기록하며, 열 개 평형 중 일곱 개의 평형이 1순위로 마감되었다. 그야말로 기록적인 청약 결과였다.

재미있는 일도 있었다. 대성산업 회장이 직접 모델 하우스에 방문하자, 돈이 되겠다는 소문이 퍼졌는지 전국구 건달들이 모델 하우스 주변을 배회하기 시작한 것이다. 우리는 건달들이 들어와 회장님께 잔여 세대를 달라고 협박할까 봐 007작전을 방불케 하는 작전으로 회장님을 모셨고, 결국 회장님은 모델 하우스를 제대로 둘러보지도 못한 채 돌아섰다. 지금은 왜 그렇게까지 했나 싶은 무용담으로 남았지만, 디큐브시티의 분양 열기는 그만큼 뜨거웠다.

정식 분양이 끝나자 곧이어 잔여 세대 분양이 시작되었다. 프리미엄이 4,000~5,000만 원 정도 붙고, 저층도 2,000만 원 정도 붙은 상태였다. 선착순이라 전날부터 늘어선 줄과 떴다방으로 인산인해였다. 줄은 대형 모델 하우스를 다 에워싸고도 1km가 넘을 정도였고, 큰돈이 걸려 있어 예민한 상황이라 다툼이 일어날까 봐 노심초사였다. 그런데 문제가 생겼다. 분양 대행사의 대표와 현장 책임자인 본부장 간에 의견 충돌이 생긴 것이다. 이로 인해 모델 하우스 안은 한여름인데도 찬바람이 쌩쌩 불었다.

요즘에는 20세대 이상의 잔여 세대가 나오면, 무조건 공개 청약을 하지만 그때는 해당 건설사의 소장이 임의로 분양 방식을 선정할 수 있었다. 대표는 사람이 몰리고 있으니 이 여세를 몰아 선착순 시간을 늦춰서 더 많은 예비 계약자를 확보하고 싶어 했지만, 현장 책임자인 본부장은 그러고 싶지 않아 했다. 분양 시간을 미루면 밖에서 무슨 일이 생길지 모른다며 대립각을 세웠다. 옥신각신 끝에 처음 공지한 시간에 진행되었고, 오랜 시간을 기다려 입장한 대기 고객은 피곤해 보였지만 고생 끝에 낙이 온다며 기쁜 마음으로 원하는 동과 호수를 선점해 계약했다. 이후 늦은 시간까지 화장실도 한 번 못 가고 고객을 상대해야 했지만, 우리는 별 사고 없이 분양을 마무리했다.

많은 사람이 중대형 아파트가 미분양 나던 때에 디큐브시티는 어떻게 성공할 수 있었는지를 묻는다. 사실 디큐브시티는 대형 평수일 뿐 아니라, DTI(소득을 따져 대출한도를 정하는 계산 비율)로 주택 담보 대출 제약이 적용되어, 중도금 대출이 쉽지 않은 상품이었다. 더군다나 분양가가 6억이 넘었기에 중도금 대출이 40%밖에 안 됐다. 당첨된다고 해도 중도금 마련이 어려워서 분양을 포기하는 사람이 속출할 게 뻔했다.

그래서 모두 머리를 맞대어 고육지책을 마련했다. 정부 규제로 대출이 어려운 사람들에게 회사가 자체적으로 회사 대출을 해 준 것이다. 이러한 대책을 통해 완판 신화를 이루었다. 정리하자면, 디큐브시티의 성공은 시장의 불확실성 속에서, 고객의 편에서 생각하고 기민하게 대응한 결과물이었다. 우리는 경험을 통해 먹구름이 끼면 우산을 준비해서 나간다. 분양 역시 마찬가지다. 시장의 움직임에 민첩하게 선제 대응한다면, 아무리 팔기 힘든 상품도 히트 상품으로 키워 낼 수 있다. 분양가와 마케팅만 잘 구성하면 새로운 판을 짤 수도 있고, 닫힌 소비자의 마음을 열 수도 있다. 결국 열쇠는 어떻게 예측하고 준비하느냐다. 세상에 팔지 못할 상품은 없다.

04

고진감래의 추억, 일타팔피

2015년 어느 날, 갑작스러운 사장님의 호출이 있었다. 수원에 한 동짜리 수익형 물건이 있는데, 현재 50% 정도만 분양이 완료된 상태이고 분양 대행사가 세 번이나 바뀌었다는 것이다. 나는 듣자마자 생각했다.

'그럼 내가 네 번째네? 오 마이 갓.'

사장님은 내 표정을 읽었는지 거절하지 못하게끔 빠르게 말을 이어 나갔다. 요는, 사장님과 개인적으로 친하지만 비즈니스적으로도 이어갈 시행사라 어떻게든 정리를 해 주었으면 한다는 이야기였다. 기존 분양 대행사들이 백기를 들고 나간 현장이니, 부담 갖지 말고 백지 수표 한 장 받은 셈 치고 해보라고 했다. 그러면서 "믿는다."라는 묵직한 말 한마디를 툭 던지셨다. 일을 거절할 수 없는 처지였지만 낚인 기분이었다.

그렇게 다음 날부터 동수원 인계동의 C 건설사 현장으로 출근했다. 도착하자마자 현장을 둘러보았다. 생각보다 외관은 깨끗해 보였고, 위치도 수원의 번화가 대로변이라 나쁘지 않았다. 건물 옆쪽으로는 라마다 호텔과 은행이 있었다. 다만, 건물의 전면 전망이 고가도로라 꽉 막혀 있었다. 당시 내가 분양해야 할 세대는 100세대. 평상시라면 별거 아니었지만, 세 곳의 분양 대행사가 포기한 전력을 고려하면 답답한 전망만큼이나 내 마음도 답답했다. 그리고 현장은 자세히 볼수록 문제점이 드러났다. 분양한 지 오래되어서 이미 마감재 곳곳이 훼손되었고, AS마저 안 되는 상황이었다. 게다가 일부 세대는 환기를 제대로 하지 않아 곰팡이가 군데군데 피어 있었다. 초기 분양 타이밍을 놓친, 총체적 난관 그 자체였다. 원래 분양은 팸플릿 그림으로 파는 게 쉽지, 실물을 다 보여 주면 계약 체결이 어렵다. 게다가 이렇게 눈에 띄게 하자가 많으면 누구라도 지갑을 열지 않을게 뻔했다. 한숨이 나왔지만, 내 유일한 장점인 긍정적 마인드를 열심히 가동했다.

'여기서 더 내려갈 바닥이 어디 있어. 편하게 하자. 편하게.'

물론, 이렇게 생각해도 마음은 조급했다. 매번 분양 현장에 출근할 때마다 전쟁터에 나가는 기분이다. 모든 신경 세포가 현장에 집중되는 것 같다. 2주 정도는 일찍 출근해 인테리어를 재정비했다. 벽면을 분양 관련 자료를 입힌 고급 시트지로 도배하고, 개발 계획 자료와 건물 평면도, 수익형 상품 셀링 문구를 보기 좋게 배열했다. 사무실 집기까지 세팅하니 고객을 맞이할 준비가 어느 정도 되었다.

다음으로 광고를 준비했다. 예산에 맞춰 홍보 팸플릿과 판촉물, 고객에게 보여 줄 브로슈어를 제작하고, 타깃 지역에 현수막을 걸고 전단을 배포했다. 그리고 틈틈이 교육 자료를 만들고 직원을 모집했다. 소문이 좋지 않아 직원 모집이 쉽지 않았지만, 인맥을 활용해 15명의 직원을 뽑았다. 준비 과정만 한 달이 걸렸다.

본 게임이 시작됐다. 직원들과 의기투합해 전방위로 홍보를 했다. 그러나 제대로 된 콜 하나 뜨지 않았다. 조용한 날의 연속이었다. 가뭄에 콩 나듯 방문객이 있긴 했지만, 계약으로 이어지지는 않았다. 그러자 결국 직원들이 버티지 못했다. 기본급도 없고, 상황도 호전될 기미가 보이지 않자 하나둘 출근하지 않더니 3명만 남은 것이다. 위기였다. 사장님께 상황을 보고하자, 나에게 백지 수표 한 장의 운영비를 주겠다는 사장님도 신중해지셨다. 그러고는 계속 분양할지, 손해를 보더라도 현장을 접을지 총괄 본부장으로서 잘 판단하고 보고하라고 하셨다. 내심 서운했지만 사장으로서 할 말을 했던 것뿐이리라.

도대체 무엇이 문제인지 밤낮으로 고민했다. 그러고는 지금 포기하기에는 아쉬움이 크다고 판단해, 최소한의 운영 경비로 홍보하는 방식을 채택했다. 일단 분양 조건을 대대적으로 손보았다. 기존에는 분양가의 10%인 약 1,000만 원의 계약금을 내고, 계약 성사 시 계약자가 물건을 부동산에 내놓고, 임차인을 들여 잔금을 치르는 방식이었지만, 나는 파격적으로 임차인의 2년 치 월세를 계약 시 선지급해 주는 걸로 바꿨다. 이렇게 하면 회사에서 리스크를 떠맡아야 했지만, 나는 굽히지 않았다. 그리고 끈질긴 요구 끝에 몇 개라도 팔아 보라는 조건부 수락을 받았다. 어쨌든, 다시 판을 짠 셈이다.

내가 짠 '임대 수익 선지급'은 분명히 차별화한 혜택이었다. 계약자가 1억 원 초반인 소형 아파트 한 채를 분양받는 데에 지불하는 초기 계약금은 300만 원이 채 안 되며, 이 계약금마저 신용카드 결제가 가능하도록 한 것이다. 신분증만 있으면 되었다.

바뀐 분양 조건을 알리기 위해 며칠 밤을 새워서 다시 전단과 홍보 기사를 준비했다. 홍보비를 최소화하기 위해 선비용 광고 대신 만 원 권 백화점 상품권을 대량 구매하고, 계약 여부와 관계없이 주변 부동산에서 고객을 데리고 오면, 공인 중개사 분들께 무조건 3만 원의 상품권을 드렸다. 다섯 번 넘게 손님을 데리고 온 부동산에서는 염치가 없다며 마다했지만, 그래도 드렸다. 이렇게 다시 홍보를 시작하자 살짝 설레기까지 했다. 이번에는 잘될 것 같은 예감이 들었다. 그렇게 2주쯤 지나자 부동산 사이에 입소문이 돌기 시작했고, 실제로 계약하는 고객도 생겼다. 상담사가 나밖에 없어 상담을 받으려면 줄까지 서야 했다. 하지만 이 또한 분위기를 띄우고 계약률을 높이기 위한 내 전략이었다. 끝까지 함께해 준 직원들은 내부 관람을 돕고, 브리핑 때 음료를 준비하거나, 부동산에 홍보를 했다.

한번은 대전에서 공무원을 하고 있는 50대 아내와 대기업에서 퇴직한 지 얼마 안 된 남편이 함께 분양 사무실에 방문한 적이 있다. 지나다가 현수막을 보고 들어왔다고 했다. 대출을 받아 재테크하는 것을 부담스러워 하는 엘리트 부부였다. 부부는 남편의 퇴직금과 그간 모아 둔 여유 자금을 합쳐 약 2억 6천 만 원 정도의 자금으로 월세를 받을 물건을 찾고 있었다. 그리고 그날 부부는 상담 후, 1억 초반의 소형 아파트 두 채를 분양받고, 정식 계약 서류를 준비해 다시 분양 사무실에 방문했을 때는 두 채를 더 분양받았다. 앞서 계약한 부동산의 미비 서류를 보완하러 재방문할 때마다 대출에 대한 부정적인 사고를 조금씩 깨 나갔기 때문이다. 돈을 벌 수 있는 지렛대 역할을 하는 착한 대출도 있다는 인사이트가 생긴 덕분이었다. 나는 대출 없이 두 채를 구입했을 때와 대출을 활용해 월세 수익을 내는 차이를 나타내는 수익률 표를 보여 드렸고, 그렇게 부부는 총 여덟 채의 부동산을 구입했다.

나는 한 달 만에 30건의 계약을 체결했고, 서서히 방문자가 증가해 방문 예약도 잡혔다. 부동산 수수료는 정식 계약이 끝나면 일주일 안에 지급해 신뢰를 쌓았다. 계약 후 마지막 감사 문자까지 챙겼을 때 비로소 내 업무가 끝났다. 다섯 달을 고군분투하며 현장을 마무리했다. 고생 끝에 낙이 온다는 말을 몸소 느꼈다.

지금도 미분양 현장에 투입되면 늘 이 시절을 떠올린다. 나에게는 초심을 잃지 않게 해 주는, 다시 나아가게 하는 일종의 좌표가 된 현장이었다.

05

원숭이도 나무에서 떨어진다

토요일 오전, 나는 모델 하우스 방문 이벤트용 홍보 문자를 보내기 위해 문자 서비스 사이트에 100만 원을 충전했다. 요즘에는 개인정보 보호 때문에 대량 문자 발송이 어렵지만, 2012년만 해도 보편적인 홍보 방법이었다.

오픈 전 '○○ 모델 하우스 오픈 시작합니다!'라는 관심 유도 메시지를 보내고, 오픈 후에는 '다양한 이벤트가 준비되어 있으니 구경 오세요.'라는 메시지를 보냈다. 주말에는 '잊지 않으셨죠? ○○ 모델 하우스로 서둘러 구경 오세요.'라는 메시지도 잊지 않았다. 전화 문의를 놓치지 않기 위해 5분 간격으로 500건씩 40차례로 나누어 예약 문자 발송을 설정한 터였고, 10시 30분에 발송을 시작했으니, 11시 즈음에는 문의 전화가 올 것으로 예상했다. 그사이 나는 모닝커피를 마시며 직원들과 주말 방문 고객 리스트에 관한 이야기를 하고 있었다. 그런데 시간이 꽤 지난 것 같은데도 전화 한 통 오지 않았다. 시계를 보니 11시 30분이었다. 혹시나 수화기를 잘못 놓았나 싶어 확인도 해 봤지만, 당연히 그럴 일은 없었다. 한 통이라도 놓칠세라 핸드폰으로 착신을 연결하고, 통화 중일 때를 대비해 다음 지정 번호로 연결도 해 둔 참이었다. 혹시나 하는 마음에 광고가 나간 전화번호로 전화를 걸어 보았다. 그런데 전화를 받자마자 "지금 거신 전화는 없는 번호입니다. 다시 확인하시고 걸어 주시기 바랍니다."라는 메시지가 나왔다. 정말 놀라 쓰러지는 줄 알았다.

무슨 일일까? 곰곰이 생각해 보고 내린 결론은 스팸 처리였다. 모든 광고가 하나의 전화번호로 나가다 보니, 여러 차례 민원이 접수되었고, 스팸 대응 센터에서 아예 전화번호를 삭제한 걸로 추측되었다. 문자 한 건당 45원이니 100만 원이 속절없이 공중 분해된 셈이었다. 사기라도 당한 듯 화가 나고, 허망했다. 그러나 이 사건은 홍보 시스템을 바꾸는 계기가 되었다. 나는 이후 광고 전화를 여러 번호로 분산했다. 번호를 다르게 쓰니, 다양한 채널을 통한 홍보 데이터도 정확히 뽑을 수 있었다. '달걀을 한 바구니에 담지 말라'라는 진부한 격언이 쓸모 있어지는 순간이었다. 의미 없는 실패는 없다. 어떻게 받아들이느냐에 따라 달콤한 열매로 찾아오는 법이다.

06

분양 상담사의 비밀 노트 1편_ 고객이 먼저 말하게 하라

분양 상담사에게는 '계약 체결'이 가장 중요하다. 단 몇 분의 대화만으로 계약을 따 내는 사람이 있고, 열심히 하는 데도 매번 허탕을 치는 사람이 있다. 그 둘은 어떤 차이가 있을까?

모델 하우스에 고객이 들어오면 상담사들은 친절하게 인사하며 다가간다. 어디에서 왔는지, 어떤 연유로 방문했는지를 묻고 폭풍 같은 설명을 쏟아 낸다. 이건 이러해서 좋고, 저건 저러해서 좋다는 식으로 말이다. 그리고 마지막에는 두 번 다시 이런 기회는 없을 거라며, 망설이면 못 산다고 부추기는 걸 잊지 않는다. 이쯤 되면 듣는 고객은 속이 보이는 친절과 설명이 부담스러워진다. 이렇게 해서는 절대로 계약으로 연결할 수 없다. 구체적으로 무엇이 문제일까?

고객 대신 내가 말한 것이 문제이다. 고객이 먼저 말하게 해야 한다. 상담 업계의 중요한 법칙이다. 상담사는 고객의 마음에 대해 공부해야 한다. 고객은 상대가 자신을 알아준다고 느낄 때 마음과 지갑을 연다. 상품 설명에서 그칠 것인가, 계약을 성사시킬 것인가. 사소하다고 치부해 버리는 그것, '첫인상'의 문제이다. 고객에게 강렬한 첫인상을 남기고 싶다면 말을 잘해야 한다. 횡설수설하며 장황하게 늘어놓는 상품 설명, 자신감 없는 말투, 언제나 고객의 말이라면 떠받들겠다는 을의 마음가짐에서 나오는 말과 행동은 오히려 신뢰를 떨어뜨리고 계약과도 멀어지게 만든다.

따스한 봄날에 선비의 옷을 벗기는 햇살처럼, 영업 냄새 풍기지 않고 자연스럽게 고객의 마음을 여는 방법은 무엇일까? 결론부터 말하자면 '고객에게 질문하는 것'이다.

열쇠는 '왜'에 있다. 어떤 이유로 모델 하우스를 방문했는지, 왜 분양을 받고 싶은지 제대로 물어봐야 한다. 상담사들은 천편일률적으로 자신이 팔고 있는 상품이 얼마나 좋은지, 계약하면 어떤 이득을 보게 되는지만 설명할 뿐, 정작 중요한 고객의 이야기는 묻지도 듣지도 않는다. 영업에 필요한 역량은 대화를 잘하는 것이지 말을 잘하는 것이 아니다. 일방적으로 내뱉는 말이 상대의 마음을 움직일 리 없다. 질문으로 고객의 입을 열자. 질문이 없으면 마음을 열지 못하고, 마음이 닫힌 고객은 입을 꾹 다물고 문밖을 나선다.

고객의 마음을 열고 싶다면 먼저 말하게 만들어야 한다. 스스로 자신이 원하는 바(want)를 말하게 하고, 우리는 고객의 말 속에서 답을 찾아야 한다. 진짜 능력 있는 상담사는 일방적으로 고객을 설득하는 것이 아니라 대화를 통해 고객 스스로 답하게 한다.

설명이 다양하고, 논리에 빈틈이 없다고 상대가 수긍하는 게 아니다. 수학자이자 철학자인 파스칼은 "마음의 논리는 이성으로 설명되지 않는다."라고 말했다. '설득'에 있어서는 감정이 논리보다 힘이 셀 때가 많다. 고객의 이야기를 먼저 듣고 이해한 뒤 그에 합당한 설명을 할 때, 성공에 한 걸음 가까이 갈 수 있을 것이다.

07

분양 상담사의 비밀 노트 2편_ 영원한 내 고객으로 만드는 기술

천편일률적인 서비스는 금방 식상해진다. "네~네~ 고객님." 친절하지만 영혼이 없는 기계적인 안내원의 음성은 고객의 피로를 가중시킬 뿐이다. 게다가 누구나 알만한 정보만 쏟아낸다면 스팸 처리를 당할 수도 있다. 영업인에게는 서운한 말일 수 있지만, 정보의 홍수 속에 사는 고객에게 지극히 관심 있는 콘텐츠 혹은 특급 정보가 아닌 정보는 종잇조각일 뿐이며, 가치 없는 정보는 스킵되고 만다. 그런데 아무리 시대가 변해도 고가품을 파는 일에는 불문율이 있다. 고객에게 맞춤형 고급 정보를 꾸준히 전달하는 것은 외면당하지 않는다는 사실이다.

현장이 마무리되면 관리 고객의 데이터는 휴지통으로 들어간다.

그러나 홍보를 통해 어렵게 입수한 소중한 자료이므로, 계약 여부를 떠나 다음 현장까지 가지고 가자. 고객의 정보를 리셋한 다음, 영점에서 출발할 게 아니라 계속 나만의 데이터를 쌓아야 한다.

고객 관리에도 노하우가 있다. 평소에 부동산 관련 청약, 세금, 대출 정보를 수집해 선별하고 여기에 새로운 가치를 부여해 고객에게 큐레이션 해 주자. 상대가 필요로 하는 정보를 전달하는 것이 핵심이다.

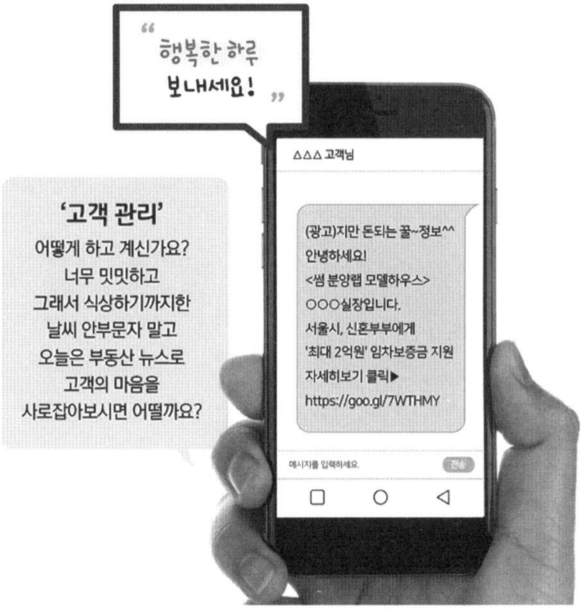

블로그나 SNS에 정보를 정리해서 올려 두는 것도 방법이다. 나는 '썸 분양 랩'이라는 블로그를 운영하며, 이곳에 부동산 뉴스를 올린다. "고객님, 좋은 한 주 시작하세요."와 같은 식상한 안부 메시지로는 고객의 이목을 끌 수 없다. 고객에게 제공해야 할 것은 안부 인사가 아니라 알짜 정보이다. 알짜 정보를 담은 메시지를 보내면 내용이 더 궁금해서 전화를 걸어올 수도 있고, 겸사겸사 부동산 정보를 명분으로 삼아 안부 인사를 건네며 신규 현장을 홍보할 수도 있다.

고객 관리는 크게 두 단계를 거친다. 첫 번째 단계는 문자 발송이고, 두 번째 단계는 분양 현장으로의 초대이다. 우선 내 문자를 정기적으로 받아 보는 고객이라면, 계속해서 진정성 있는 관계를 구축해 나가자. 진심 어린 태도는 사람의 마음을 움직이는 법이다. 이렇게 신뢰를 쌓았다면, 분양 현장으로의 초대 단계로 넘어간다. 흥미진진하고 짜임새 있는 스토리로 1~3분짜리 신규 현장 시나리오를 만들어 분양 현장으로 초대하는 것이다. 이후 고객이 현장을 방문해서 계약까지 이어지면 성공이다.

현장 동원 능력은 단시간에 만들어지지 않으며, 고객 관리에 있어서 꾸준함과 성실함은 기본이다. 논어에서는 '덕이 있으면 외롭지 않아 이웃이 된다'라고 했다. 덕은 자기를 희생한 대가로 얻는 것이다. 아무것도 희생하지 않고 타인의 마음을 얻을 수는 없다. 영업인이라면 부단히 노력해서 덕을 쌓아 고객을 만들어야 한다.

08 유능한 분양 상담사가 되는 올 킬 질문법

고객의 마음은 쉽게 열리지 않는다. 오늘 나에게 친절하게 설명을 듣고 고민해 보겠다고 말한 뒤 나의 동료와 계약할 수도 있는 사람이 고객이다. 고객은 당신이 상품에 대해 잘 설명해 준 덕분에 지식을 습득했고 해당 상품에 부쩍 관심이 생겼다. 그런데 한동안 다른 일로 잊고 지내다가 우연히 해당 상품 광고를 다시 보게 되었고 현장의 전화번호를 눌렀다. 그러고 우연히 그 전화를 내 동료가 받았고, 고객은 내 동료와 홀연히 계약을 해 버렸다. 과장처럼 보이지만 현실에서 이런 일은 의외로 흔하다. 사실 고객 입장에서는 구매의 필요성을 알려 준 나에게 고맙긴 해도 꼭 나와 계약할 이유는 없다. 아마 나는 그에게 별다른 인상을 주지도 못했을 것이다. 단순히 재수가 없었다고 치부하기에는 고칠 점이 상당히 많은 사례이다.

도대체 무엇이 문제였을까? 앞으로 이런 사례를 만들지 않기 위해서 어떻게 해야 할까? 이 답에 대한 키워드는 '질문'이다. 좋은 질문은 좋은 대화를 생산하고 결국 계약을 이끌어 낸다. 그렇다면 어떤 질문이 양질의 질문인가? 바로 고객의 마음을 뚫어볼 수 있는 질문이다. 영업인은 늘 고객의 마음을 공부해야 한다. 고객의 입장에서 이 상품을 왜 사야 하는지 질문하고 답해 보자. 공부하지 않으면 궁금한 것이 없으니 질문할 것도 없다. 고객의 이해도를 높이기 위해서 제일 먼저 할 일은, 말하고자 하는 내용을 철저히 분석하고 분류한 뒤, 완벽한 이해를 바탕으로 모의 훈련을 하는 것이다. 연습은 배신하지 않는다.

고객 입장에서 설명한 다음에는 고객의 말 속에 숨겨진 속마음을 파악하자. 이때도 질문이 가장 효과적인 방법이다. 질문을 통해서 고객의 가치관을 알게 되었다면, 여기에 용기와 꿈을 입혀 감성을 자극하자. 여러 번 강조하지만 논리적 설명만으로 경쟁하기에는 차별성을 주기 어렵다. 고객은 상대가 자신을 알아준다고 느낄 때 마음도 열고 지갑도 연다.

이 일을 하며 가장 안타까운 유형이 단면만 보는 영업인이었다. 그들은 자기 입장만 놓고 상황을 해석한다. 누군가가 달을 보라고 가리키면 달을 가리키는 손가락만 본다. 이런 상황이 반복되면 시야가 좁아질 수밖에 없다. 새로운 과정을 찾으려는 연구는 하지 않고 하던 대로 하면 절대로 성공할 수 없다. 방향성을 잃어버린 순간부터 '딱 그만큼만' 하게 된다.

비단 계약에만 해당되는 게 아니다. 자기 계발도 마찬가지다. 변화는 나에 대한 질문에서 시작된다. 내가 진정으로 원하는 것이 무엇인지, 지금처럼 살면 원하는 것을 얻을 수 있는지 자문하자. 질문이 없으면 답을 얻을 수 없고, 답을 얻을 수 없으면 안주하게 된다. 부자가 되고 싶다면 구체적으로 얼마가 있어야 부자인지, 어느 정도의 시간을 투자해야 할지 등을 계속 질문해야 한다. 질문은 내비게이션과 같다. 질문을 던지는 것은 목적지 설정을 위한 가장 중요한 과정이다.

나 역시 초보 시절에는 질문 자체를 할 줄 몰라 번민했다. 답답한 날의 연속이었지만, 결코 외면하지 않았다. 때로는 실패했지만, 실패를 기록하고 새롭게 시도하며 성장했다. 분명한 것은 상처는 이내 굳은살이 되고, 굳은살조차 내 몸의 일부가 된다는 것이다. 의지를 갖는 것이 출발점이다. 마음의 힘, 의지가 있다면 방법은 생긴다. 숱한 질문으로 두드리다 보면 답이 보인다. 삶에 대한 질문이 곧 삶에 대한 답이다.

PART 4

전문가로 발돋움하기 위한 커리어 독립 플랜

불안의 세계

01 분양 상담사의 첫 단계_ 모르고 시작했다가 낭패 보지 말자

한 분야에서 오래 일하다 보면 문득 가슴 뛰는 다른 일을 해 보고 싶을 때가 있다. 그럴 때 문 두드리는 분야가 대부분 '영업'이다. 진입 장벽이 낮기 때문이다. 특히 분양 영업에 도전하는 분이 많은데, 사실 분양 영업도 진입은 쉬울지 몰라도, 살아남아 실력을 발휘하는 사람은 적다.

양금택목(良禽擇木)이라는 말이 있다. 좋은 새는 아무 곳에나 둥지를 틀지 않는다는 말이다. 분양업도 그렇다. 실적에 따라 급여가 결정되므로 늘 더 좋은 곳을 찾아 떠난다. 그러니 분양업에 도전하기로 했다면, 제대로 된 곳에서 시작해 성장해야 한다. 아직은 부실하거나 악의적인 곳도 많은 업계이다.

분양업을 해 보기로 했다면, 어떤 부동산을 다룰 지도 정해야 한다. 아파트부터 오피스텔, 지식 산업 센터, 상가, 호텔, 꼬마 빌딩, 토지 등 분양의 세계는 다양하다. 이 모든 것에 욕심을 부릴 수는 없으며, 상업용 부동산 분야는 더욱 그렇다. 한 분야에 집중해 실력을 키우고 네트워크를 만들어 다른 분야로 넘어가는 것이 바람직하다.

부동산 관련 직종으로 전직하고 싶다면, 그 분야에 있는 사람을 만나 보라. 현업에 있는 사람이야말로 그 일을 가장 잘 아는 사람이고 현실적인 조언을 해줄 수 있는 사람이다. 그들만 알 수 있는 좋은 정보를 얻을 수 있는 장점도 있다.

그들에게 조언을 구할 때는 일반적이고 광범위한 질문보다 구체적인 질문을 하는 게 좋다. 뜬구름 잡는 질문에는 뜬구름 잡는 답변밖에 해줄 수 없다. 구체적이고 현실적인 질문을 할 수 있도록 준비하자. 좋은 질문은 좋은 답을 이끌어 내고 새로운 기회도 만들 수 있다. 반면, 분양업계가 유망하다고 해서 시작했는데, 내 성격과 맞지 않을 수도 있다. 그럴 때는 과감히 포기할 필요도 있다. 현업에 있는 사람의 말이 정답은 아니지만, 가장 현실적인 이야기일 수 있다는 걸 유념하자.

02

인생은 타이밍, 숨은 기회를 찾자

나는 자매 중에 가장 공부를 못했지만, 기어코 대학에 갔다. 여자 팔자 뒤웅박이라며 남자를 잘 만나 시집가면 된다는 아버지에게 대항해 필사적으로 감행한 선택이었다. 직장에 다니며 집안에 경제적인 보탬을 담당하던 언니들에게 미안하기도 하고, 자존심에 어떻게 해서든 스스로 대학 등록금을 마련하고자 애썼다.

학업을 병행하며 아르바이트가 가능한 시간대는 새벽이었다. 유독 아침잠이 많은 나였지만, 녹록하지 않은 현실에 부지런쟁이가 된 것이다. 나는 새벽에 녹즙을 만들어 정부 청사로 배달하는 일을 시작했다. 원래는 배달만 하다가 사장님이 사고를 당하는 바람에 녹즙을 만들기까지 했는데, 사장님은 모든 일은 온전히 아르바이트생에게 맡기는 게 미안했는지 월급을 올려 주셨다. 그래서 나는 새벽 4시 반까지 가게에 나가 채소와 과일을 다듬고 녹즙을 만들어, 8시 반에 배달을 마쳤다.

몇 번의 배달 후 생긴 나름의 요령으로 엘리베이터를 타고 꼭대기 층으로 올라가 한 층씩 내려오며 배달했다. 이렇게 배달한 지 한 달 정도 지났을 무렵, 새 얼굴을 만났다. 오랜 출장 끝에 복귀하신 분 같았다. 나는 특유의 영업 기질로 이 순간을 놓치지 않았다. 얼른 포일에 포장한 사과 한 쪽과 가장 인기 있는 녹즙 시음을 권했다. 내심 '내일은 녹즙을 신청하지 않을까.' 싶은 마음이었다. 그러나 그분은 내게 상처가 되는 말을 했다.

"집이 망했나. 예쁘장하게 생겨서는. 쯧쯧."

동정심을 가득 담아 혀를 차며 뱉은 말은 비수가 되었고, 마음이 복잡해졌다. 다음 배달을 위해 비상구 계단 쪽으로 가야 했지만, 갈 길을 잃은 내 발걸음은 엘리베이터 앞에 멈추어 섰다. 문이 열리자 마침 야쿠르트 배달 아주머니가 내렸다. 멍하니 그분의 뒷모습을 바라보며 내가 평상시 저분을 어떻게 봤었는지 생각해 보았다. 직업에 귀천은 없다고, 젊어서 고생은 사서도 한다는 생각으로 살아왔는데, 누군가는 이런 나를 불쌍하게 볼 수 있다는 판단이 들자 화가 나고 불쾌했다. 동시에 또 다른 생각이 밀려왔다. '나이가 들어서도 내가 일할 수 있는 선택의 폭이 단순 노동밖에 없다면, 그렇게 해서라도 경제 활동을 해야 한다면… 그건 몹시 서글픈 일이겠구나.' 착잡했다.

그날 이후, 어떻게 해서든 전진하는 삶을 살기로 했다. 적어도 초라한 사람이 되고 싶지는 않았다. 어떻게 보면 꼰대 공무원이 뿌린 쓰라린 소금이 내 삶에 진짜 필요한 소금이 되었을지 모르겠다. 내 성장을 책임질 사람은 나 자신뿐이다. 가만히 앉아만 있으면 무엇도 배울 수 없고, 나아갈 수 없다. 아무것도 하지 않으면 응당 아무 일도 일어나지 않는다. 물론 살다 보면 실수하고 실패도 하며, 그럴 때마다 위축되고, 조바심이 난다. 그러나 돌이켜보면, 나의 20대와 30대는 남보다 느려도 괜찮다고 다독이는 날들의 연속이었다. 정 힘들면 쉬어가자. 하지만 포기하지는 말자. 실패했다고 자책만 하지 말고, 패배가 낳은 의미를 발견하는 데에 주목한다면 미래는 분명 밝을 것이다.

여전히 일터에 들어서면 설렘과 두려움이 공존한다. 시끄러운 민원 없이, 분양을 시일 내에 성공적으로 마무리해야 한다는 바람 역시 변함이 없다. 오늘도 최선을 다해 살아 내리라 다짐한다. '적당히 하자'와 같은 타협은 완벽한 결과물을 만들지 못하게 하는 장애물일 뿐이다. 이 글을 그럴싸한 성공담으로 포장하고 싶지는 않다. 지금도 나는 성장 중이다. 다만 내 경험이 넘어진 누군가에게 일어설 힘이 된다면, 그것으로 족하다.

03

위기를 기회로 만드는 사람

우리는 살면서 예기치 못한 사건과 사고를 맞닥뜨리기도 한다. 이럴 때 누군가는 이 위기를 기회로 바꾸는 대단한 능력을 발휘하고, 누군가는 온몸으로 받아 내며 처참히 무너지기도 한다. 그리고 내가 만난 사람 중 기억에 남는 사람은 단연 '결핍'을 무기로 고비를 넘긴 승리자들이다.

지인 소개로 만난 60대의 P 씨는 당시 배우자의 보증으로 힘든 상황에 처했다. 대기업에 다니는 남편이 지인의 보증을 잘못 서는 바람에 빚을 떠안게 된 것이다. P 씨는 나에게 이런 상황을 담담히 털어놓으며, 한 달에 200~300만 원의 고정 수입이 있었으면 한다고 했다. 당장 내다 버리고 싶은 남편이지만, 그녀는 깊은 신앙심으로 이 위기를 헤쳐나가고자 한 것이다. 나는 부동산 지식이 전혀 없는 50대의 P 씨가 이 일을 할 수 있을지 걱정이었지만, 그녀는 내 걱정이 무색하게 젊은 사람 못지않은 열정으로 일을 배워 나갔다. 그리고 배우자도 속죄하려는 듯 아내의 일을 돕기 시작했고 곧 부부는 가용할 수 있는 시간을 모두 할애해 최선을 다했다.

하늘은 스스로 돕는 자를 돕는다고 했던가. 실낱같은 목소리로 월 200~300만 원씩만 벌면 좋겠다고 했던 그녀의 바람은 그해 첫 현장에서 이루어졌다. 몇 달 전 P 씨에게 전화가 왔는데, 기운 없는 목소리로 이번 달에는 얼마 못 벌었다고 하기에, 얼마를 벌었는지 물었더니 40일 동안 700만 원밖에 못 벌었다고 했다. 6년 전 우리의 첫 만남이 생각나서 살포시 웃음이 났다. 그녀는 최근에 대치동에 한 상가 건물을 매입해 잘살고 있다. 열심히 일한 덕분에 빚도 갚고, 재테크까지 하게 된 것이다.

20년 넘게 분양업계에서 일하고 있다. 나는 이렇게 벼랑 끝에 섰던 누군가가 이 일을 통해 행복을 찾아가는 모습을 볼 때마다 기분이 좋다. 내가 처음 이 일을 시작했을 때는 도움을 줄 만한 조력자나 참고할 서적이 드물었다. 오랜 시간 쌓은 내 경험과 노하우가 누군가에게 현실적인 도움이 될 수 있음에 감사하다.

꽃길만 있는 건 아니지만, 현실적으로 이 일은 경력이 단절된 주부에게 참 좋은 일이다. 나는 그런 사람에게 더 손을 내밀고 격려한다. 나처럼 학력과 스펙이 부족해도 의지만 있다면 할 수 있다고 말하고 싶다. 밀어주고 당겨 주며 함께 나아가고 싶다. 빨리 가려면 혼자 가고 멀리 가려면 함께 가라는 말처럼, 함께 더 멀리 도약하고 싶다. 위기에서 가장 빛나는 존재는 '함께하는 힘'임을 믿는다.

04

나를 팔 줄 아는 사람이 살아남는다

'마녀의 브랜딩 교실'이라는 브랜드 전략에 관한 영상을 본 적이 있다. 최고의 브랜드 컨설턴트로 불리는 노희영 대표는 "내 생활 안에서 나를 포지셔닝 해야 한다. 나다운 아름다움을 브랜딩하고, 나다움은 내 안에서 찾아야 한다."라고 말했다. 마케팅 분야에서 오랜 시간 일한 그녀만의 철학이 고스란히 느껴졌다.

유명 연예인만큼이나 인플루언서의 영향력이 큰 시대이다. 대기업만이 상품을 개발하고 기획하던 시대는 지났다. 평범한 사람이 개인 브랜딩에 관심을 두고 개발하는 시대가 도래한 것이다. 아무리 뛰어나도 조직에서 정년을 보장받을 수 없는 시대에 당연한 흐름이다. 사람들은 개인 브랜드를 구축하는 데에 돈과 시간을 아낌없이 투자한다.

브랜딩이란 결국 '나를 파는 것'이다. 물건을 파는 게 아니라, 나를 파는 개념이다. 지금껏 만난 영업의 고수들은 옷을 팔다가 보험을 팔고, 차를 팔았다. 상품의 종류만 바뀔 뿐 기본적으로 '판다'라는 큰 틀은 바뀌지 않았다. 내가 본 브랜딩의 매커니즘은 결국 '나를 파는 것'에서 출발했다.

요즘에는 물건을 파는 루트가 다양해졌다. 냉장고만 해도 백화점을 비롯한 오프라인 매장과 홈쇼핑, 온라인 쇼핑몰, SNS 채널, 소셜 마케팅 업체까지 합세해 소비자의 선택을 기다린다. 거리로 나가보아도 한 집 건너 한 집에서 같은 제품을 판다. 그러나 문전성시를 이루는 매장이 있고, 파리만 날리는 매장이 있는 법이다. 왜일까? 과연 소비자는 어떤 기준으로 제품을 선별하고 최종 선택을 할까? 질문에 대한 답은 다시 '1인 커머스'로 돌아간다.

유통의 혁명을 가져온 '1인 커머스'는 기본적으로 인플루언서에 의해 움직인다. 인플루언서는 자신의 SNS에 상품을 올리고 고객과 직접 소통한다. 이 시스템에는 광고와 복잡한 유통 과정이 없어 가격의 거품이 빠진다. 그리고 소비자는 이런 인플루언서를 믿고 구매한다. 신뢰가 판매의 바탕이 되는 것이다. 제품이 좋아서가 아니라 '내가 팔로우하는 인플루언서가 추천하는 제품이니까, 이 사람이 추천하는 제품은 믿을 만하니까' 사는 것이다. 지금까지 소비자의 제품 구매에서 중요한 역할을 했던 상품평이 1인 인플루언서의 추천으로 넘어간 셈이다.

분양 역시 1인 커머스의 일환으로 볼 수 있다. 한 모델 하우스 현장에는 적게는 50~60명, 많게는 200명의 직원이 상주한다. 그리고 모두 똑같은 제품을 판매한다. 그런데 누구는 월 매출이 100억이 넘고 누구는 10~20억, 누구는 그마저도 못 파는 경우도 비일비재하다. 그 차이는 개인 브랜딩이다. 성과가 좋은 사람 대부분은 고객이 오는 길목을 알고 미리 마중한다. 그리고 그간 쌓아 온 경험과 수완을 총동원해 고객을 단번에 사로잡는 기지를 발휘한다.

발 빠르게 정보를 취득하고, 경험을 체계화함으로써 나만의 브랜드를 구축하는 일은 영업에 있어서 기본 중의 기본이다. 아울러 고객의 성향을 파악하고 헤아리는 일 역시 간과해서는 안 된다. 결국 세일즈란 내 안의 열정을 파는 것이다.

05

내 삶을 재정의하다

꿈이 뭐냐고 묻는다는 건, 어떻게 살아가고 싶은가를 묻는 말이기도 하다. 부자가 되기를 꿈꾸는 사람도 있고, 일을 잘하고 싶다거나 좋은 엄마가 되고 싶은 사람도 있다. 좋은 배우자가 되고 싶고, 행복한 사람이 되고 싶은 사람도 있다. 모두 저마다의 꿈이 있다.

그런데 꿈을 이루고 싶다면 꿈에 대한 나만의 정확한 정의가 수반되어야 한다. 이 글을 쓰며 《한근태의 재정의 사전》을 많이 인용했다. 그만큼 공감되는 말이 많았다. 이 책을 바탕으로 인생에 있어 의미 있고 중요한 단어에 대해 재정의해 보고자 한다.

내가 행복해지는 길

긍정

긍정이란 무엇인가? 긍정의 정의는 부정에서 긍정을 찾아내는 데에 있다. 세상일은 다 잘 될 수밖에 없다는 것, 내가 가는 길은 탄탄대로일 수밖에 없다는 것, 부정적인 면을 의도적으로 보지 않는 것, 그렇게 생각하지 않더라도 우선은 긍정의 코스프레를 해 보는 것이다. 돌이켜보면 나 역시 얼마 전까지 긍정의 코스프레를 하며 살았다. 내가 긍정적인 사람이라고 착각했다. 그렇지만 매사에 부정적인 것보다는 연기일지라도 긍정적인 척하는 편이 낫다고 생각한다.

친절

아무런 대가나 보상을 바라지 않고 상대에게 상냥하게 대하는 것, 다시는 볼 일 없을 사람을 마치 부모 섬기듯 대하는 것이다. 우리는 왜 친절해야 할까? 유익하기 때문이다. 남에게 친절을 베풀면 오히려 내 마음이 안정되고 평화로운 기분을 느낄 수 있다. 자상하고 친절한 행동은 엔도르핀을 흐르게 한다. 운동 후 느끼는 개운함과 비슷한 좋은 기분이다. 달라이 라마는 말했다. "나의 종교는 친절함이다."

진정성

가면을 쓰지 않는 것이다. 척하지 않는 것이다. 있는 그대로의 자신을 드러낼 수 있는 것이다. 생각과 행동 사이에 간격이 없는 것이다.

내가 지혜로워지는 길

거절

'나를 존중해 달라'의 에두른 표현이다. 또한 거절은 기회의 다른 모습이기도 하다. "나는 36번의 거절과 36번의 수정을 거친 끝에 37번째 출판사에서 승낙을 얻었고 책은 베스트셀러가 되었다. 출판사의 거절 앞에 좌절하고 포기했다면 지금 자리에 오르지 못했을 것이다. 거절은 기회다. 내게 무슨 문제가 있고 무엇을 고쳐야 하는지 방법을 찾게 해주는 독특한 기회다." 〈허핑턴 포스트〉의 발행인 마리아나 허핑턴의 말이다.

게으름

게으름은 회피다. 미루는 것이다. 뻔히 해야 할 일이 있지만 하지 않고 미루거나 결정하지 않는 것이다. 언젠가 하겠다고 하면서 실행하지 않는 것이다. 변명은 게으른 사람들의 전유물이자 최고의 무기이다.

힘이 든다

의미를 모른다는 것이다. 자신이 하는 일에 어떤 의미가 있는지 몰라서 하루하루가 힘든 것이다. 힘들어 보이는 일도 의미를 알게 되면 힘들지 않다. 힘들다를 바꾸어 말하면 '의미를 모른다'고 할 수 있다.

고객의 짜증

"우리가 미처 보지 못했던 서비스의 구멍이다." 3M의 정의다. "고객은 짜증이란 형태로 정보를 알려 준다. 그들이 개발한 수세미에 대해 어떤 고객이 불만을 표시했다. 네모난 게 짜증난다. 손도 작은데 접기도 불편하고, 입구가 작은 컵을 닦기도 어렵고, 끝이 뾰족해 가장자리도 잘 닦이지 않고 등등… 직원은 짜증을 서비스의 구멍으로 판단했다. 그래서 둥그런 수세미를 출시했고 그 결과 히트상품이 됐다." 관점 디자이너 박용후 대표의 말이다.

져 주는 것

져 주는 것이 지는 것은 아니다. 장기적으로 이기는 방법일 수 있다. 그렇다고 끌려가는 것은 아니다. 져 주기와 끌려가기는 어떤 차이점이 있을까? 둘은 비슷해 보이지만 아주 다르다. 져 주는 것은 원하는 방향으로 가기 위해서 잠시 나를 낮추는 것이다. 품어 주고 물러나는 거다. 다분히 의도적이고 목적이 명확하다. 반면 끌려가는 것은 자기 방향이 아닌 상대의 방향으로 가는 것을 의미한다. 하고 싶지 않지만 할 수밖에 없는 것이다.

그렇다면 어떻게 해야 져 줄 수 있을까? 아무나 할 수 있는 일이 아니다. 힘이 있고 용기가 있어야 한다. 지혜와 역량이 있어야 한다.

약한 사람은 져 줄 수 없다. 져 주는 힘은 누구나 가질 수 없는 큰 힘이다.

진상

강자에게 받은 설움을 약자에게 퍼붓는 사람들이다. 종로에서 빰 맞고 한강에서 화내는 사람들이다. 백화점 점원을 무릎 꿇게 한 사람, 식당에서 반말로 허세를 부리는 사람, 파출부 아줌마를 무시하는 사람, 아파트 경비에게 함부로 하는 사람들이 여기에 속한다. "한 사회 문명의 성숙도는 강자들이 약자들에게 어떻게 대접하는가를 보면 안다." 제러미 리프킨의 말은 우리에게 시사하는 바가 크다.

더 멋진 나에 가까워지는 길

의지

올해 세운 계획을 얼마나 잘 진행하고 있는가? 코로나가 유행하고, 내재된 게으름과 타협하면서 계획이 점점 어긋나고 있지 않은지 살펴보자. 무슨 일이든 하고자 하는 의지를 갖는 게 출발점이다. 의지가 있다면 어떤 형태로든 방법은 만들어진다.

책임

자신의 역할을 정확히 이해하고 충실히 수행하는 것. 말과 행동 사이에 거리감이 없으며 하고 싶은 일보다 해야 할 일을 우선순위에 두는 것이다. 핵심은 역할에 대한 인지와 수행이다. 역할에 대한 인지가 없으면 책임감 역시 없게 된다. "책임감은 일이 되게끔 하는 것이다." 삼성전자 김기남 부회장의 말이다.

커뮤니케이션

"서로의 의도를 읽는 것이다. 언어적 요소가 됐건 비언어적 요소가 됐건 서로의 의도를 읽는 것이다. 말을 이해하는 것이 아니라 그 사람의 말이나 행동을 통해 의도를 파악하는 것이다." 관점 디자이너 박용후 대표가 한 말이다.

컨설팅

자신의 문제를 타인에게 돈을 내고 물어보는 행위를 뜻한다. 컨설턴트는 남의 집에 들어가 다양한 방법을 통해 그 집의 문제가 무엇인지 알려 주는 사람이다. 혹자는 컨설팅이란, 시간을 물어본 사람에게 그 사람의 시계를 빌려 시간을 가르쳐 주고 심지어 돈까지 받는 행위라고도 말한다. 왜 이런 일에 비싼 돈을 들여야 할까? 그만큼 스스로 자기 모습을 보기 어렵기 때문이다. 내 손으로 내 머리를 깎기란 쉽지 않다.

06

커리어 독립으로 돈과 시간 갖기

하루에도 열두 번씩 '그만둘까 버텨 볼까'를 고민하는 사람에게 던지는 체크 리스트

1. 나보다 잘나가는 친구를 보면 '나는 뭐하고 있나' 회의감이 든다.
2. 누군가의 아내, 엄마로 불리기보다 내 이름 석 자로 당당히 살고 싶다.
3. 남편이 회사에서 잘나가는 건 좋지만 내조를 할 생각은 없다.
4. 남편 카드를 쓰면서 눈치를 보느니 내가 벌어 내가 쓰고 싶다.
5. 갑자기 잡힌 집안 행사에 참석하기 싫어 일을 핑계로 빠져나갈 구멍을 찾는다.
6. 동네 친구 집에 가서 폭풍 수다를 떨고 나면 왠지 모를 공허감이 밀려온다.
7. 평일 오전에 하는 브런치, 백화점 문화센터 수업이 기대보다 재미가 없다.
8. 좋은 엄마가 되고 싶지만 아이를 위해 내 인생을 희생하고 싶지는 않다.
9. 아이가 받아온 100점이 기쁘지만 그게 내 점수가 아니다.
10. 의무감으로 아이 반 모임에 참석했는데 시간이 너무 안 간다.

《서른다섯, 출근하기 싫어졌습니다》의 유재경 작가의 고백이다. 전업주부의 생활은 나에게도 많은 공감과 깨달음을 주었다. 전업주부가 파트 타임 주부보다 훨씬 힘들다는 것을, 전업주부는 집안의 대소사를 피해갈 명분이 없다는 것을, 전업주부는 가족을 위해 희생을 마다하지 않는 마더 테레사 같은 존재라는 것을 말이다. 그리고 무엇보다 '머니는 곧 파워'라는 공식을 확인할 수 있었다. 하지만 여성에게만 해당하는 사항은 아닐 것이다. 은퇴를 앞둔 남성에게도 해당한다.

그런데 일하는 사람도 커리어에 대한 의식과 목적이 없으면 비슷하다. 일을 하는 데도 여유가 없고, 왜 여유가 없는지 알아차릴 새도 없으며, 무엇이 중요한지 구분하기도 어렵다. 실수는 반복되며, 실수는 만성이 되어 습성이 된다. 무엇이 잘하는 것의 기준이 되는지, 어떻게 해야 잘할 수 있는지, 얼마나 잘해야 하는지를 알지 못한다. 마음만 앞서기 때문이다. 일에 어느 정도 숙련이 되어도 마찬가지이다. 할 줄 아는 일이라 해서 미루게 되고, 나중에는 미뤄도 될 이유를 만들어 합리화하기까지 한다. 일의 방향성과 속도에 문제가 있다는 걸 깨달을 때는 이미 늦은 후이다. 새로운 과정을 찾으려는 연구는 하지 않고, '하던 대로' 하는 것을 당연하게 여기는 순간에 주어진 일, 남이 시키는 일만 하게 될 것이며, '적당히 하자'라는 말과 행동이 튀어나오는 순간에 주위 사람들의 신망을 잃게 될 것이다.

업무 이외의 시간을 들여 자기 계발을 하지 않으면, 잘하기 위한 노력 또한 '일할 때'에만 발휘될 뿐이다. 물론 일에 대한 감은 있다. 그러나 이조차 일에 대한 감으로만 방치하면 발전하기 힘들다.

'커리어는 무슨. 그냥 먹고 살려고 하는 거지.'라는 생각에 휩싸여 있다면 다시 생각해 보자. 미래를 위한 희망적 설계와 투자, 자발적 노력이 없으면 잿밥에만 눈길이 가기 마련이고, 기회가 와도 놓치기 십상이다. 처음에는 실패가 아니라 시행착오라고 의미를 부여할 수 있어도 여러 번 반복된다면 분명히 실패다.

나는 어디에 해당하는가? 발전하고 싶다면 안주하지 말자. 전 삼성 SDI 조남성 사장은 "현재 자신에게 주어진 일을 탁월하게 해내고, 업무 범위 안에서 역량을 극대화하라. 그러면 계속해서 기회가 오고 그 기회를 통해 성장할 수 있다. 지금 하는 일을 제대로 해내지 못하면 다음 커리어는 오지 않는다."라고 말했다. 미래를 위해서는 현재 내가 서 있는 자리에서 충실해야 한다. 오늘 최선을 다하지 않으면 내일도 없다.

억대 연봉, 고소득, 돈 많이 버는 직업… 분양 상담사라는 직업을 광고할 때 쓰는 문구들이다. 스펙과 자격증도 필요 없고, 성별과 나이도 제한이 없다니 더욱 솔깃하다. 그러나 앞서 이야기했듯이, 진입장벽은 낮을지 몰라도 살아남아서 전문가가 되기에는 쉽지 않은 분야이다. 현실은 냉정하며, 이 세계로 들어와도 어느 정도 반열에 오르면 안주하기 때문이다. 함께 분양 아르바이트생으로 시작해도 누구는 여전히 아르바이트생으로 남고, 누구는 전문가가 되는 것이다. 이 차이는 개인의 노력 외에는 딱히 설명할 길이 없다. 분양업은 정직하다. 내가 한 만큼 보상이 주어진다. 본인이 어떻게 하느냐에 따라 이후의 삶이 달라진다.

데일 카네기는 '세상의 중요한 업적 중 대부분은, 희망이 보이지 않는 상황에서도 끊임없이 도전한 사람들이 이룬 것'이라고 말했다. 주저하지 말자. 이번에 시작하는 도전이 당신 인생에 가장 중요한 업적이길 바란다. 우리는 계속해서 나만의 역사를 써 나가야 한다.

PART 5

박 본의 에필로그

01 나를 살린 엄마의 밥 한 공기

2000년 어느 날, 뮤지컬 배우 최정원 씨가 수중 분만으로 딸을 출산한 영상이 화제였다. 탯줄로 호흡하며 물속에서 눈을 깜빡이는 아이의 모습에 나는 감명을 받았다. 그래서 나는 친구에게 캠코더를 빌리고 산부인과에 수중 분만을 예약했다. 수중 분만을 하려면 가족 분만실을 따로 써야 하고, 큰 욕조와 조명 등 준비할 것이 많아서 자연 출산에 비해 약 3배 가까운 비용이 들었다. 생애 특별한 순간인 만큼 아까울 것이 없었다. 그러나 아이는 내 배 속이 더 편했던 걸까? 도무지 나올 기미가 없었고, 급기야 나는 유도 분만 촉진제를 두 대나 맞고 분만실로 가야 했다.

문제는 여기부터였다. 죽을힘을 다해도 자궁문이 열리지 않고, 반나절을 진통했는데도 아이가 나오지 않자 의료진이 스무 시간이나 내 배를 손으로 누른 것이다. 그렇게 나는 탈진해 버렸고, 결국 제왕절개를 권유받았다. 그때 친정엄마가 내 손을 꼭 잡고 말했다.

"병주야. 마지막으로 한 번만 더 힘을 내 보자."

엄마의 말에 나는 다시 정신을 차려 힘을 주었고, 하늘에 별이 빙글빙글 돌 즈음에야 아이가 머리를 내밀었다.

"손가락과 발가락 모두 열 개! 건강한 공주님이세요."

간호사의 목소리가 희미하게 들리자 나는 정신을 잃었다. 아기의 예민한 감각을 보호해 주고 싶어 특별히 준비했던 수중 분만은 무산되었지만, 그래도 생애 최고의 선물을 받았기에 기뻤다. 딸아이 수향이와의 첫 만남이었다.

신생아는 태어나서 한 달이 지나고부터 예방접종을 시작한다. 5개월 무렵 첫 예방접종을 위해 보건소를 찾았다. 그런데 여기저기 청진기를 대 보며 건강 상태를 체크하던 선생님의 낯빛이 갑자기 어두워지더니 무거운 목소리로 말씀하셨다.

"아이 심장에서 약하게 잡음이 들리네요. 소견서를 써 줄 테니 큰 병원으로 가서 진료를 받아 보는 게 좋겠어요."

선생님의 말이 떨어지기 무섭게 내 심장은 쿵쾅거렸다. 청천벽력 같은 말이었다. 도대체 무엇이 문제일까? 큰 병이면 어떻게 하나라는 걱정과 별일 아닐 거라는 얄팍한 기대를 안고 큰 병원을 찾았다. 검진 결과, 수향이는 태생적으로 폐동맥 판막 협착증으로 혈관이 좁았다. 젖을 빠는 것조차 보통 아이보다 8배는 힘들다고 했다. 아직은 신생아이니, 경과를 지켜보자는 소견과 함께 힘든 병원 생활이 시작되었다. 그렇게 수향이는 입원과 퇴원을 반복하며 8개월간 치료를 받다가 끝내 하늘나라로 갔다.

가족들과 간단히 장례를 마치고, 나는 이성적인 판단을 할 수 없을 정도로 피폐해졌다. 돌이켜보면 제대로 보내 주지 못한 게 아쉽다. 그날은 하늘에서는 구멍이라도 난 듯 억수 같이 비가 쏟아졌는데, 그 빗줄기를 따라 내 마음도 무너져 내렸다. 집에 가면 아이가 나를 기다리고 있을 것만 같아 눈물샘이 마르지를 않았다. 장례를 마치고 집으로 돌아와 마음이 시리고 허전해 물 한 모금, 밥 한 술 뜨지 못했지만 배가 고프지 않았다. 이렇게 사흘간 한 끼도 먹지 않는 나를 보며 엄마가 말했다.

"산 사람은 살아야지."

엄마는 내게 따뜻한 밥을 지어 주셨다. 자식 잃은 부모가 밥이라니 기가 막혔지만, 불현듯 '나도 엄마에게는 소중한 딸이 아니던가.'라는 생각이 스쳤다. 딸을 보내고 내 가슴이 이렇게 미어지는데,

우리 엄마는 어떠할까. 그렇게 속이 문드러진 딸을 지켜보는 내 엄마의 심정을 헤아렸다. 어느덧 비가 그쳤고, 벼락에 맞은 듯 정신이 번쩍 든 나는 밥 한 공기를 따뜻한 물에 말아 입에 밀어 넣었다. 그날 나는 아이를 잃은 깊은 슬픔을 밥과 함께 삼켰고, 다시는 엄마 앞에서 울지 않았다.

살면서 내가 가장 잘한 일은 그날 밥 한 공기를 다 먹은 것이다. 엄마가 지어 준 밥 한 공기가 죽을 뻔한 나를 살렸다. 나는 엄마를 위해서, 하늘로 간 딸을 위해서 살아야만 했다.

물론, 시간이 아무리 흘러도 딸을 잊을 수는 없다. 눈에 넣어도 안 아픈 그 작은 천사를 어떻게 잊을 수 있을까. 살아남은 엄마가 할 수 있는 일이란 자식을 영원히 가슴에 품는 일뿐이다. 그래도 비가 억수 같이 내리던 날의 슬픈 장례식은 떠올리지 않기로 했다. 수향이가 에메랄드빛 바다에서 까르르 행복하게 웃는 모습만 생각하기로 했다.

나는 밥을 먹을 때마다 그날의 밥 한술을 떠올린다. 그것이 내가 수향이를 기억하고, 나를 살게 한 엄마를 위한 일이다.

02

일과 육아, 그 기쁨과 슬픔

이른 새벽, 아들이 열이 나기 시작했다. 이따금 찾아오는 감기겠거니 하고 해열제를 먹이고, 엄마에게 아들을 맡긴 뒤 출근을 했다. 집이 부평이라 일터인 수원까지 가려면 두 시간 전에는 나와야 해 부랴부랴 서두르는 길이었다. 워킹맘은 일을 못 한다는 소리를 듣고 싶지 않아서 나는 출근 시간만은 반드시 지켰다.

그날은 모델 하우스 품평회가 있는 날이었다. 시행사의 고위 간부가 참석하는 중요한 행사였기에 시공사와 분양 대행사 모두 신경을 많이 쓰는 날이기도 했다. 아픈 아이에 대한 걱정으로 마음이 편치는 않았지만, 애써 '괜찮을 거야.' 하며 일에 집중했다. 그런데 11시쯤 전화벨이 울리며, 수화기 너머로 엄마의 울먹이는 소리가 들려왔다. 아들이 열이 나는 것도 모자라 흰자가 보이고 경기를 일으킨다는 것이다. 부들부들 떨리는 손을 간신히 붙들고 어쩌다 그 지경까지 되었느냐 물으니, 해열제를 먹이니 계속 자는 것 같아서 집안일을 하셨는데, 그 사이에 아이가 불덩이가 되었다고 했다. 나는 정신을 바짝 차렸다.

1시부터 품평회 리허설이 시작되고, 그 자리에서 나는 브리핑을 해야 했다. 정식 오픈은 아니어서 관리자에게 이야기하면 조퇴를 허락해 줄 것 같았지만, 지금 출발한들 시간만 늦어질 것 같았다. 그래서 나는 엄마에게 119를 부를 테니 아이를 데리고 바로 응급실로 가 달라고 했다. 엄마는 바로 병원에 데려가지 않고 집안일한 것을 자책하며 정신이 반쯤 나간 상태였다.

"엄마. 걱정하지 마. 병원에 가면 괜찮을 거야. 엄마 탓 아니야. 내가 119에 전화해서 구급차 부를게. 그 차를 타고 병원에 가서 아이 치료 받게 하고, 결과는 나한테 알려 줘."

엄마는 나에게 독한 년이라며 화를 내셨지만, 곧 엄마는 내 말을 따라 주었다. 전화를 끊고 화장실에 가자 눈물이 왈칵 쏟아졌다. 행여나 아이가 잘못될까 봐 무섭고, 이렇게밖에 해 주지 못하는 엄마라 미안했다. 그 와중에 누가 내 울음소리를 들을까 봐 숨죽여 울며 붉게 충혈된 눈을 찬물로 씻어내고 나왔다.

아들은 두 시간 가까이 피를 뽑고, 엑스레이를 찍고, 심전도 검사를 했다. 독감이었다. 엄마에게 설명을 들으며 "하나님, 감사합니다."라는 말을 수십 번 했다. 엄마는 "나쁜 년, 독한 년."이라며 또 한 번 역정을 내셨지만, 엄마의 진심을 알기에 안도하고 맡은 일을 해냈다. 행사를 어느 정도 마무리하고 급하게 병원에 가니, 아들의 조막만 한 손등에 링거가 꽂혀 있었다. 바늘이 들어갈 때 얼마나 아팠을까 생각하니 마음에 대못이 박힌 것처럼 아팠다.

나는 사회인으로서는 성공했을지언정, 엄마로서는 빵점이다. 워킹맘이 된 이후 냉탕과 온탕을 오갔다. 육아에 집중하리라 마음먹었다가도 일을 포기할 수가 없었다. 지금까지 쌓아온 경력을 키워가고 싶은 마음과 아이를 잘 키우고 싶은 마음이 상충했다. 그리고 모든 워킹맘은 한 번씩 아픈 아이를 보며 마음이 무너져 내릴 것이다. 일과 육아의 양립은 아이가 성인이 될 때까지 끝나지 않을 숙제인 것 같다. 그러나 지금껏 그래왔듯이, 앞으로도 잘해 보려고 한다. 일과 아이라는 내 인생에서 가장 소중한 두 가지를 지키기 위해 나는 기쁨과 슬픔이 반복되는 출퇴근길을 달린다.

03 유치원생 아들의 구걸

어느 날, 유치원 선생님에게 전화가 왔다. 가슴이 덜컹 내려앉았다. '아이가 아픈가? 사고가 났나?' 싶었다.

"어머님, 혹시 언제 시간 되세요?"

"왜요? 종서에게 무슨 일 있나요?"

"아니요. 그런 건 아닌데, 어머님 시간 되실 때 이야기 좀 나누었으면 해서요."

사고는 아니지만 이건 무슨 일이 있는 거다. 나는 퇴근 후 다시 통화하기로 하고 끊었다. 종일 마음이 무거웠다. 그렇게 퇴근 후 다시 선생님과 통화를 했다.

"어머님. 혹시 요즘 집에 무슨 일 있나요?"

"아니요. 특별한 일 없는데… 왜요? 선생님."

"음… 사실 종서가 아이들 돈을 뜯어요."

"네? 종서가 왜요? 왜 아이들에게 돈을 뺐을까요?"

나는 화들짝 놀라 되물었다. 선생님도 영문을 몰라 전화했는데, 내가 너무 놀라 두서없이 이유를 물으니 선생님은 나를 진정시키며 설명하셨다.

"종서가 폭력적으로 돈을 뜯는 건 아니에요. 그런데 계속 친구들에게 구걸하며 돈을 모아요. 담임 선생님에게도 돈을 달라고 했어요. 어디에 쓸 거냐 물으니 그건 묻지 말라고 했대요."

당혹스러웠다. 왜 아들이 그런 행동을 하는지 전혀 짐작되지 않았다. 평소에 뭘 사달라고 떼쓰는 아이도 아니었고, 갖고 싶은 게 있어도 금방 잊거나 쉽게 포기하는 아이였다. 나는 도대체 이 일을 어떻게 해석해야 할지 몰라 막막했다.

이후 나는 아이의 행동을 예의주시했다. 피곤해서 읽어 주지 않던 책도 읽어 주고, 퇴근 후 블록 놀이도 함께하며 문제를 찾으려고 애썼다. 그렇게 며칠이 흐른 어느 날, 나는 아침에 코피를 쏟고 말았다. 거의 하루도 쉬지 못하고 40일 가까이 근무한 탓이었다. 그때 아들이 침실로 들어왔다.

"엄마. 오늘은 출근 안 하고 나랑 있으면 안 돼?"

"미안해. 엄마는 쉬면 안 돼. 돈 벌려면 일하러 가야 해."

엄마를 생각해 주는 아이가 귀엽고 기특해서 피식 웃음이 났다. 말똥말똥 나를 바라보는 아이를 꼭 안아 주고 서둘러 출근 준비를 했다. 그런데 평소처럼 현관에서 배웅하던 아이가 내 손에 검은 비닐봉지를 살며시 쥐여 주었다. 꽁꽁 묶은 주먹만 한 비닐봉지였는데 안을 보니 동전이 수북했다.

"엄마. 여기 돈 있으니까 회사 가지 마."

나는 차마 말을 잇지 못하고, 그대로 주저앉아 한참을 울었다. 어린 아들의 눈에 일하는 엄마가 안쓰러웠나 보다. 돈을 마련하면 엄마와 시간을 보낼 수 있을 거라 생각해 그간 돈을 모은 거라 생각하니, 아들의 마음과 일할 수밖에 없는 내 현실이 뒤엉켜서 눈물만 났다.

이 사건은 일에 대한 의지가 확고했던 나를 고민하게 했다. '아이를 위해 일을 그만둬야 하지 않을까.'라는 생각이 들었다. 매번 독하게 마음먹어도 이런 일이 반복될 때마다 신경이 날카로워졌고, 행여 아이가 엇나가지 않을까 걱정이 되었다. 그러나 일을 그만두었다가 아이가 내 손에서 벗어날 때가 되면 나는 다시 취업 전선에 나올 터였다. 그럴 바에는 당장은 힘들어도 견디는 쪽이 낫겠다 싶었다. 아이를 사랑하지만 일을 포기하고 싶지 않았다.

가끔 그때 일을 그만두었다면 어땠을까 상상해 본다. 나는 불행했을 것 같다. 완벽한 엄마가 아닌 행복한 엄마가 되기 위해 노력하며 17년을 버텼다. 지금 아들은 행복한 엄마를 두어서 행복하다고 한다. 자녀를 행복한 아이로 성장시킨 걸로 워킹맘으로서는 성공한 편이라 생각한다. 우리는 충분히 행복하다. 그걸로 됐다.

04 가난은 결코 성실함을 이길 수 없다

할머니와 일급 장애인인 삼촌, 3명의 고모, 부모님과 4명의 딸로 구성된 우리는 11명의 대가족이었다. 매해 새 학기가 되면 담임 선생님이 가구 조사를 했는데, 나는 가족 수가 많은 게 가난의 상징처럼 보여 늘 싫었다.

막내인 나에게 새 물건은 당연히 없었다. 옷은 물려 입었고, 매끼 식사는 전쟁이었다. 맛있는 반찬은 할머니와 아버지 차지였고, 맛있는 반찬을 먹기 위해서는 고도의 눈치작전을 펼쳐야 했다. 외동딸인 친구의 생일 파티에 갔다가, 불판에 고기를 구워 먹는 걸 보고는 신세계를 경험했다. 친구가 너무 부러웠다. 새 학용품과 새 옷을 입고 귀한 바나나를 혼자서 실컷 먹을 수 있다니. 그때 나는 다음 생에는 꼭 외동딸로 태어나기로 다짐했다.

아버지의 수입이 시원치 않은 달에는 11명의 식구가 간장 종지에 김치만 놓고 저녁을 먹는 게 죽도록 싫었고, 나는 이런 결핍으로 무장되었다. 한편, 갖고 싶은 건 스스로 갖겠다는 야무진 결심을 했다. 내가 이른 나이에 경제 활동을 시작한 이유다.

중학교 연합고사가 끝난 뒤, 나는 당시 유행했던 워크맨을 사기 위해 처음으로 아르바이트를 했다. 돌솥비빔밥이 유명한 집이었는데, 그때 나는 돌솥이 그렇게 무거운지 처음 알았다. 돌솥을 드는 것 자체가 너무 힘들었는데, 티를 내면 나가라고 할까 봐 머리를 굴렸다. 뭐가 맛있냐고 묻는 손님에게 가볍고 서빙하기 쉬운 메밀 소바를 추천한 것이다. 겨울에도 한결같이 메밀 소바를 권했다. 그래도 나는 성실한 아르바이트생이었다. 시키지 않은 화장실 청소를 하고, 퇴근 시간이 다가와도 퇴근하고 싶은 내색을 하지 않았다. 눈치껏 마감 전에 미리 가게 앞을 청소하기도 했다. 사장님은 이런 나를 늘 칭찬했다. 그렇게 겨울방학 내내 일하고 원하던 워크맨을 손에 넣었다. 돈을 버는 것에 대한 좋은 추억이다.

이후로도 아르바이트는 계속되었다. 대학교 1학년 여름방학에는 종각에 있는 레스토랑에서 서빙을 했다. 건물 전체가 레스토랑인 큰 매장이었는데 나이는 어렸지만, 곧잘 '내가 사장이라면?'이라는 생각으로 일했다. 그러던 어느 날 소동이 벌어졌다. 한 커플이 햄버그스테이크를 주문했는데 안에 벌레가 들어 있다는 것이다. 그러나 남은 음식에 벌레는 보이지 않았다. 화가 난 동료는 요리를 반 이상 먹어 놓고 무슨 소리냐며 큰소리쳤고, 커플은 계산할 수 없다고 으름장을 놓았다. 뒤늦게 상황을 파악한 나는 커플에게 가서 정중히 말씀드렸다.

"저희 레스토랑에서 청결 부주의로 고객님의 소중한 시간에 불편을 드려 죄송합니다. 계산은 하지 않으셔도 됩니다. 괜찮으시다면 음식을 다시 준비해 드려도 될까요?"

그러자 고객은 어떤 항의도 하지 않고 오히려 민망해했다. 사실 해당 메뉴는 내 사흘 치 아르바이트 비용이었지만 최악의 경우 내가 돈을 메꿀 심산이었다. 그러나 사장님은 오히려 당장의 이윤도 중요하지만, 고객을 단골로 만들기 위해 노력해야 한다며 긍정적인 평가를 내렸다. 이후 나는 더 열심히 일했고, 사장님의 말씀은 내 서비스 마인드에 날개를 달아 주었다. 출근해서 제일 먼저 냄새나고 지저분한 화장실을 청소하고, 시간이 날 때마다 매장 구석구석을 청소했다. 사장님이 안 계셔서 동료들끼리 수다를 떨 때도, 내 시선은 항상 고객의 테이블에 향했다. 작은 것 하나 소홀하지 않은 주인의식, 솔선수범하는 모습, 동료를 배려하는 자세를 스스로 익혀 나갔다. 이런 나를 지켜보던 사장님은 시급을 2배로 올려 정산해 주었고, 레스토랑은 매년 방학 때마다 든든한 아르바이트거리가 되어 주었다. 이렇게 레스토랑에서의 아르바이트 경험은 내가 선택한 행동에 믿음을 준 계기가 되었다.

대가족 속에서 막내였던 나는 본능적으로 생존 의식이 있었다. 세상에 공짜가 없고, 갖고 싶은 건 스스로 쟁취해야 한다는 걸 알고 있었다. 서럽거나 쓸쓸하지는 않았다. 오히려 지독한 가난이 더 나은 삶을 위한 원동력이 되었고, 나에게 성실함과 긍정의 힘을 주었다. 그리고 이런 나를 인정하고 손 내밀어 준 고마운 사람도 있었다. 내 유년 시절은 궁핍했지만, 마음만은 충만했다.

05 생의 마지막 순간이었을지 모를 '운수 좋은 날'

분양 일정에 차질이 생겨 갑자기 오전 11시에 업무가 끝나 버렸다. 모처럼 화창한 그날은 정말 선물 같은 하루였다. 그냥 흘려보내기에는 아까운 그날, 나는 동료들과 나들이를 가기로 했다. 모처럼 바람이라도 쐴 생각이었다.

당시 서해안 고속 도로가 개통된 지 얼마 안 되었던 때라 도로가 뻥 뚫려 있었다. 시원한 고속 도로를 달리며, 열어 둔 창문 사이로 불어오는 바람을 느꼈다. 모든 게 완벽한 날이었다. 그렇게 한 시간쯤 달렸을까. 엄청나게 커다란 박스를 벨트로 엉성하게 묶은 5t 트럭 한 대가 자꾸 눈에 거슬렸다. 바람이 불 때마다 박스는 휘청거렸고, 유독 삐딱하게 놓인 박스 하나가 위태로워 보였다. 그때였다. 나쁜 예감은 왜 틀리지 않은 걸까. 급히 옆 차선으로 바꾸려던 찰나, 삐딱하게 놓인 박스가 내 차를 향해 돌진하고 있었다. 찰나의 순간 내 머릿속은 분주하게 돌아갔다. 빠른 속도로 인해 바퀴가 도는 것을 방지하고자 브레이크를 두 번씩 나눠 밟으며 사이드미러로 뒤에 차가 있는지 확인했다. 그리고 크게 심호흡한 뒤, 상대적으로 차량이 적은 1차선 중앙 분리대 쪽으로 핸들을 꺾었다. 박스를 피하기 위해 자진해서 중앙 분리대를 박아 버린 것이다. 내 차는 말 그대로 박살이 났고 곧바로 불길에 휩싸였다. 그러나 다행히 주위 사람들의 도움으로 무사히 차에서 탈출했고, 인명 피해는 없었다.

사고 수습 때 보니 내 차를 덮치려 했던 박스의 실체는 다름 아닌 사무실이나 교실에서 쓰는 대형 난로였다. 나는 그 난로를 보자마자 다리에 힘이 풀려 주저앉고 말았다. 만약 난로를 정면으로 맞았다면? 상상조차 하기 싫은 끔찍한 대참사였으리라. 사람들은 그래도 큰 인명 피해를 막은 나를 칭찬했다. 박스가 날아드는 걸 보고 멈칫했다면, 나는 이 세상 사람이 아니었을지 모르겠다. 호랑이 굴에 들어가도 정신만 차리면 산다는 말의 진가를 느낀 순간이었다.

인생은 참 얄궂다. 그날의 사고는 마치 소설《운수 좋은 날》을 떠올리게 했다. 아이러니하게도 완벽했던 그날이 나의 마지막 날이 되었을 수 있다고 생각하면 아찔하다. 삶은 이렇게 늘 모순투성이이며, 매사 마음먹은 대로 되지 않고, 예측 불허의 사고가 트럭 위 박스처럼 시도 때도 없이 날아든다.

그러나 나는 운이 좋은 사람이다. 이런 아이러니함을 극복하며 살고 있고, 위기를 모면하며 살고 있으니 말이다. 오늘도 절망하지 않고 기민하게 삶을 마주한다. 그날 이후 주어진 두 번째 삶을 치열하게 산다.

06

아버지 다음으로 만난 남자, 남편

세상에서 아버지 다음으로 만난 남자가 남편이다. 남편은 흔히 말하는 성당 오빠였고, 다정다감했다. 엄한 아버지의 영향이었을까. 나는 세심하고 따뜻한 그의 모습에 반해 결혼했다. 새장 속의 새가 세상 밖으로 탈출한 느낌이었다.

나는 스물세 살에 결혼했다. 아버지는 우리 집에서 몸이 불편한 삼촌을 제외하고는 유일한 남자였고, 9명의 여자를 거느린 독재자처럼 엄했다. 그래서 그런지 마치 약속이라도 한 듯이 우리 집 여자들은 모두 이른 나이에 출가했다. 가끔 나에게 결혼을 왜 이렇게 빨리 했느냐며, 예뻐서 누가 빨리 낚아챘나 보다고 우스갯소리를 하는 사람도 있지만, 사실 내가 먼저 남편에게 청혼했다.

남편과는 성당의 주일학교에서 교사로 활동하다가 만났다. 그는 걸어 다니는 백과사전으로 불리던 사람이라 무엇을 물어보든 척척 알려 주는 사람이었다. 어떤 질문에도 명쾌하게 답하고, 부정적인 일도 긍정적으로 해석하는 능력이 있었다. 여유 있고, 해박하며 소소한 나눔을 실천하는 모습이 멋있어 보였다. 남편은 무엇이든 나누는 사람이기도 했다. 게임 마니아라서 늘 오락실에 있었는데, 오락기 앞에 동전을 수북이 쌓아 두고는 동네 꼬마들이 마음대로 동전을 가져가도 마냥 웃기만 했다.

아버지에게 늘 세상에는 승자와 패자가 있고, 사람들은 패자의 이야기를 듣고 싶어 하지 않는다는 이야기만 듣고 자라던 나였다. 그래서 나는 성격이 급하고 성과와 효율을 중시하며 살아 왔다. 이런 나에게 남편은 진흙 속의 연꽃처럼 고고해 보였다. 그래서일까. 나는 그에게 콩깍지가 단단히 씌고 말았다. 모자란 부분은 맞춰 가면 된다고 생각해 결혼했다.

그러나 결혼 직후 큰 착각이었음을 깨달았다. 나는 언니와 6개월 간격으로 결혼했다. 친정집 기둥뿌리 하나를 뽑고 결혼한 탓에 결혼 이후로 아버지에게 손 벌릴 수가 없었다. 우리는 남편이 마련한 24평 아파트에 전세를 놓고, 그 보증금으로 PC방을 차렸다. 장사가 잘되어서 금방 부자가 되려나 싶었는데 불행은 다른 곳에서 찾아왔다. 갓 태어난 딸의 아픔이었다. 나는 모든 생업을 중단한 채, 딸을 살리는 데에 집중했다. 남편 혼자 PC방을 꾸리며 점차 빚을 지게 되었고, 딸의 병원비도 빚으로 돌아왔다. 딸이 우리 곁을 떠난

후, 사업을 접었을 때는 절망적이었다.

아이를 보내고 남편은 오랫동안 일을 찾지 못했다. 주말 오후, 고속 도로에서 딸의 죽음을 맞이한 남편은 죄책감으로 오랜 기간을 힘들어했고, 속절없는 시간은 빠르게 10년이 흘렀다. 물론 남편은 늘 노력했다. 내가 남편에게 공인 중개사 시험을 권했을 때도, 남편은 따라 주었다. 공부를 잘했기에 남편은 노량진 단과 학원에 등록해 좋은 모의고사 성적을 받았다. 그러나 시험 당일, 부정행위로 적발되어 중간에 퇴장당하는 말도 안 되는 상황이 발생했다. 순두부 같은 남편이 부정행위를 했을 리는 만무했고, 이야기인즉슨 뒤에 앉은 사람이 자꾸 옆구리를 찌르며 물어봐서 퇴장 조치를 받았다고 했다. '이런 바보가 또 있을까.' 한숨이 나왔다. 감독관에게 건의하면 될 걸 왜 그냥 두었냐고 물으니, 그 사람이 대기실에서 일곱 번째 시험인데 이번에 떨어지면 시댁에서 쫓겨날 것 같다고 말했다는 것이다. 정말 제 코가 석 자인데 누굴 생각해 주나 싶었다. 지금은 정말 웃음 밖에 안 나오는 에피소드지만, 남편은 그렇게 착해도 너무 착했다.

아버지는 무서운 분이었지만, 11명의 식구를 다 먹여 살리고, 고모들과 딸들을 남부럽지 않게 결혼시켰다. 아버지의 강인한 생활력은 성격에서 나왔을 것이다. 이런 아버지가 싫어 아버지와 정반대의 남자를 선택한 덕에, 나는 10년간 가장의 무게를 짊어져야 했다. 그

놈이 없으면 죽을 것 같았는데, 그놈 때문에 죽을 것 같다는 우스갯소리가 절로 나왔다. 백수 남편에게 대놓고 서운한 말을 쏟아붓기도 하고, 원망도 했지만 그렇게 우리는 22년을 함께하고 있다.

지금은 예전처럼 돈 때문에 아쉬운 삶은 아니다. 그리고 내 인생에 불의의 사고가 있었을 때도, 예측하지 못한 불행이 닥쳤을 때도 모두 남편이 함께했다. 언제나 내 남편이 옆에 있어 주었다. 어떻게 보면 부부는 사랑이 아닌 전우애로 사는 것이 아닌가 싶기도 하다. 이 험난한 세상을 함께 이겨낸 전우가 앞으로도 내 곁을 지켜 줄 것이라 믿는다.

07 활자 공포증에서 독서광으로

아버지는 원래 출판사에서 근무하셨다. 그 덕에 우리 집 거실 책장에는 세계 문학 전집에서부터 명작 동화, 위인전, 자연 과학, 값비싼 브리태니커 백과사전까지 없는 것이 없었다. 이렇게 말하면 다들 내가 어릴 때부터 책을 좋아했을 거라고 생각하지만, 그 반대였다. 빛바랜 종이 위에 그림도 없이 깨알 같은 글씨만 가득한 책은 나에게 공포였다. 거대한 개미 행렬이 나를 습격하는 것 같이 느껴진 순간, 나는 책과 멀어져 버렸다.

중·고등학교 시절에는 아버지 덕분에 일반 서점에서 구입할 수 없는 교사용 참고서를 받아 볼 수 있었다. 어떻게 보면 특혜였지만 나는 그걸로 공부는커녕 친구들에게 팔아서 용돈으로 썼다. 엄마한테 들켜서 등짝을 맞았는데, 아직도 아버지한테는 비밀이다.

책 읽는 데에 취미가 없으니 공부에도 흥미가 없었고, 급기야는 수능도 언어 영역에서 발목이 잡혔다. 긴 지문을 제대로 읽지도 못한 것이다. 그렇게 수능이 끝나고, 나는 만화방을 배회하기 시작했다. 사실 나에게 만화는 금기 도서란 느낌이 강했다. 어릴 때 언니가 만화방에 갔다가 엄마한테 호되게 혼나는 모습을 보았기 때문이다. 그러나 수능이 끝나자 해방감에 19금이라고 생각했던 만화를 보았다. 일종의 일탈이었다. 만화방에 들어가면 야릇한 스릴감마저 느껴졌다.

처음 본 만화는 순정 만화이다. 두세 권을 골라 그 자리에서 다 읽고, 다음 권을 빌려 읽었다. 불량한 학생들만 드나드는 곳인 줄 알았던 만화방에 대한 편견은 반나절 만에 깨졌다. 그렇게 만화방은 곧 내 아지트가 되었고, 문지방에 닳도록 드나들다가 나중에는 아예 그곳에서 삼시 세끼를 해결하게 되었다. 그야말로 만화방 죽순이로 지냈다. 한 달 반쯤 지나니 만화방 한쪽 벽면 가득했던 만화책을 거의 다 읽었고, 그 여세를 몰아 무협지를 읽기 시작했다. 최대한 행간이 넓고 글씨가 큰 책으로 골랐다. 처음 인연을 맺은 무협지는 무협 소설의 대가 김용 작가의 《영웅문》이었다. 이를 시작으로 김용 작가의 작품들을 하나둘 섭렵해 나갔다. 《녹정기》, 《천룡팔부》, 《소오강호》, 《의천도룡기》, 《구양진경》 등을 거의 봤을 무렵, 만화방 사장님은 나에게 《와룡전》을 추천해 주셨다. 나는 점점 다양한 무협지의 세계로 빠져들었다. 책을 읽을 때만큼은 내가 주인공이었다.

밤마다 멋진 무술을 펼치며 날아다니고, 동굴 속에서 기술을 연마하고, 사회적 관습을 뛰어넘는 로맨스를 나누었다.

무협지는 기본적으로 시리즈물이라 8~10권은 족히 넘지만 그 재미에 빠지면 순식간에 다 읽게 된다. 나는 정말 며칠씩 날을 새며 읽었다. 진즉 책 읽기에 재미를 붙였더라면, 지문을 다 읽어 보지도 못하고 수능 답안지를 제출하지 않았을 텐데 싶었다.

활자 공포증을 이겨내고 독서광이 된 계기는 유치하기 그지없는 갓 성인이 된 소녀의 반항과 도발이었지만, 만화책과 무협지는 책에 대한 두려움을 없애 주고, 책 읽기를 좋아하는 사람으로 변신시켜 주었다. 치열한 경쟁에서 살아남는 방법으로 택한 전략 역시 책 읽기였다. 학창시절에 열심히 공부하지 않았던 탓에 수능을 망치고, 스펙을 쌓지 못했지만 나는 내가 일하는 분야에서만큼은 발전하고 싶었기에, 책을 스승으로 삼아 공부했다. 그리고 외롭거나 자괴감에 빠져들 때도 나는 책을 찾았다. 책만큼 나를 위로하는 건 없다.

프란츠 카프카는 '책은 우리 내면의 얼어붙은 바다를 깨는 도끼'라고 말했다. 나에게 활자 공포증을 깨트려 준 것은 다름 아닌 책이었다. 책은 내가 알던 세계가 얼마나 편협했는지, 저 너머에는 얼마나 무궁무진한 세계가 있는지를 일깨워 주었다. 책은 좁은 곳에 갇혀 있던 나를 깨부수고 앞으로 나아갈 수 있게 한 무기였다.

08

운명에 굴복하는 사람과 운명을 극복하는 사람

2020년은 형식적인 감사가 아니라, 마음 깊은 곳을 충만하게 한 감사를 느낀 해였다. 필요한 순간 도움을 주는 사람을 많이 만났기 때문이다. 마치 순풍에 돛을 단 듯이 하는 일마다 순조롭게 풀렸다.

사방이 꽉 막힌 기분에 사로잡혀 하루하루가 슬픔뿐인 날이 있었다. 내가 무얼 그리 잘못 살았을까 싶으며 이유 없는 자책과 패배의식으로 가득했다. 매일 달리 살아보려 해도 현실은 변하지 않았다. 자고 일어나면 오늘보다 나은 내일을 시작하게 해 달라고 기도해도 마치 악마가 나를 놀리기라도 하듯 모든 것이 악화일로였다. 엉망진창인 상황과 달리 천진하게 자는 아이를 보면 하염없이 눈물이 흘렀다. 지푸라기라도 잡고 싶은 심정이었지만, 그렇다고 모든 것을 내

려놓을 수도 없는 나날이었다. 그러자 보다 못한 지인이 아주 용하다는 점집을 소개했다. 점집이라니. 태생적으로 겁이 많은 나는 고개를 절레절레했다. 아무리 영화와 드라마를 좋아해도 공포물은 안 보는 나였다. 특히 굿판을 벌이는 장면이라도 나오면 자동으로 몸이 움츠러들었다. 꽹과리와 징 소리가 귓전을 울리면 세상이 빙글빙글 도는 것처럼 어지러웠다. 그래서 지인이 준 점집 연락처도 주머니에 찔러 넣고는 까맣게 잊어버렸다. 그러던 어느 날, 빨래를 하려다가 주머니에서 점집 연락처를 발견했다. 정말 뭐라도 잡고 싶은 심정에 나는 난생처음으로 점집을 찾아갔다. 지금껏 로또 한 번 사 보지 않았을 정도로, 내 노력으로 얻은 결과 이외의 것에 의지한 적이 없지만, 절박하고 심약한 때였다. 점집은 평택에 있었다. 인천 부평에서 평택까지 두 시간, 초행길은 낯설기만 했다.

둥둥둥, 쾅쾅쾅! 종이에 적힌 주소에 다다를 무렵, 굿판을 암시하는 소리가 언저리에서 들려왔다. 갑자기 땅이 빙빙 도는 느낌에 나는 그 자리에 털썩 주저앉아 버렸다. 정신을 놓지 않으려고 얼마나 애를 썼는지 온몸이 땀으로 뒤범벅되었다. 굿판 소리가 멈추기를 기다렸다가 용기를 내어 초록 대문을 지나 툇마루에 앉았다. 온몸에 한기가 들고 등줄기가 오싹했다. 무당은 이런 내 행색을 보고 안쓰러웠는지 조금 쉬었다가 하자고 했지만, 나는 빨리 끝내고 가고 싶어서 급히 생년월일시를 말했다. 그리고 몇 분 뒤 무당의 한마디에 눈물이 쏟아지기 시작했다.

"아이고, 얼마나 힘들어. 지금까지 살아온 것만으로도 참 용하네. 사방이 꽉 막혔어!"

찾아온 손님에게 으레 하는 말일지 몰라도 꾹 참아왔던 억눌린 마음이 와르르 무너졌다. 처음 보는 무당 앞에서 반 시간은 족히 울고 또 울었다. 무당은 서럽게 우는 나를 애처롭게 바라보며 이따금 휴지를 내밀었다. 한참을 울고 무당에게 '그래서 저는 어떻게 하면 좋을까요?'라는 눈빛을 보내자, 무당은 카랑카랑하게 말했다.

"내가 굿을 하라고 해도 할 수 있는 주변머리는 없는 것 같고, 그냥 3년만 버텨 봐. 살아내면 남은 생도 그 힘으로 잘 살아 낼 테니. 그리고 다음부터는 이런 데에 점 보러 오지 마."

무당은 복채도 안 받겠다고 했지만, 꾸역꾸역 드렸다. 어쩌면 당시 굿조차 할 수 없는 내 주머니 사정까지 기가 막히게 알았던 건지도 모르겠다. 나는 부적 한 장 받지 않고 터벅터벅 집으로 돌아왔고, 집에 와 끙끙 앓고 말았다.

그 일이 있고 4년의 세월이 흘렀다. 그사이 나는 분양 상담사로서 자리를 잡았다. 유독 손님이 없던 주말 어느 날, 모델 하우스 데스크에서 무료한 오후를 보내고 있을 때였다. 등 뒤로 내리쬐는 따스한 햇볕에 기분이 좋아졌다. 마치 무대 위 주인공에게만 비추는

핀 조명처럼 나를 위해서만 쏟아지는 햇볕 같았다. 그때 문득, 무당이 했던 말이 떠올랐다.

"잘 버텨 봐. 살아내면 남은 생도 그 힘으로 잘 살아 낼 테니."

PART 6

부동산 파이널, 과유불급

분양의 세계

01

투자와 투기의 차이

투자에 대한 정의는 사람마다 시대마다 다르다. 전 세계에 4,000여 개의 외식 매장을 운영하는 포브스 400대 부자 김승호 회장은 '정당한 아이디어와 노력을 통해 버는 돈은 투자, 무리한 레버지리로 번 돈은 투기'라고 정의했다. 또한 그는 '돈마다 품성이 있고, 좋은 돈을 모으기 위해서는 자신만의 철학이 필요하다'라고 조언한다. 단단한 철학을 바탕으로 번 돈은 눈덩이처럼 불어나지만, 일확천금으로 번 돈은 새어 나가기 십상이다. 같은 맥락에서 투자는 돈의 흐름을 알고 하는 것, 투기는 잘 모르면서 욕심으로 하는 것이라 할 수 있다.

사람들의 열기에 휩쓸려 발 담그는 투자는 확실히 위험하다. 매수에 대한 근거 없이 대세를 따라가기만 하면 실패하고 만다. 그래서 투자에는 자기만의 원칙이 있어야 하며, 이를 위해서는 꾸준한 공부와 경험, 노하우가 수반되어야 한다. 요즘에는 부동산에 관심이 없던 사람도 부동산 시장에 뛰어들고, 나에게 물어 오는 사람도 정말 많다. 당연히 생소한 분야로의 투자는 어렵다. 그럴 때는 그 길을 경험해 본 사람에게 조언을 구하고 배워야 한다. 특히, 투자만큼은 지인이 아니라 전문가에게 조언을 구하자. 코끼리를 본 적도 없는 사람에게 코끼리에 대해 설명해 달라고 하면 안 된다. 코끼리를 알고 싶다면 적어도 코끼리를 직접 본 적이 있는 사람에게 물어야 한다. 그렇지 않으면 코끼리는 상상 속 괴물이 된다.

투자를 시작한다고 하면 대부분은 부정적 견해를 낼 것이다. 사람들은 기본적으로 예측 불가능한 일, 해 보지 않은 일, 모험을 달가워하지 않는다. 일종의 방어 기제가 작용하기 때문이다. "너를 위해서 하는 말인데….", "그러니까 조심해야 할 것 같아."라는 말을 조심하자. 이런 지인들의 염려는 나아가려는 나를 붙잡는다. 조언을 가장한 방해하는 말에 발목 잡혀 첫발을 떼기도 전에 멈추는 사례를 여러 번 보았다. 처음 집을 사려는 신혼부부를 말리는 경우, 보수적인 배우자 때문에 매매를 포기하는 경우가 다반사다. 그러고는 한참 시간이 흐르면, '옆집 지영이네 엄마가 몇천을 벌었더라, 박 과장이 작년에 분양 받은 집이 몇억이 올랐더라'가 되고, 각종 매체에서 들려 오는 투자 성공 사례에 상대적 박탈감에 휩싸인다.

냉정히 말하면, 주변 사람은 내 미래를 책임져 주지 않는다. 망설임은 기회를 빼앗을 뿐이다. 가만히 있으면 바뀌지 않으며, 모든 것은 행동에서 시작된다. 그리고 부동산 투자는 처음부터 끝까지 자신이 주도해야 한다. 결과도 중요하지만, 그 과정에서 깨닫는 게 많기 때문이다. 온라인 카페나 언론에 나오는 자칭 전문가의 말을 맹신하기보다 스스로 경험해야 한다. 그래야 이를 기반으로 성장할 수 있으며, 잃지 않는 투자를 할 수 있다.

물론, 때로는 실패할 것이다. 하지만 실패 역시 먼 훗날 돌이켜보면 자산이 된다. 그리고 나는 꾸준히 수익을 올리기에는 부동산이 최고이며, 어떤 부동산이든 없는 것보다 낫다고 생각한다. 하브 에커의 《백만장자 시크릿》에는 '부동산 가격은 등락을 거듭하지만 결국 5년, 10년, 20년, 30년 후에는 지금보다 가치가 높아져 있을 것이다'라고 했다.

투자의 궁극적인 목적은 안정적인 미래와 노후 보장이다. 돈이 행복의 절대적 기준이 될 수는 없겠지만, 너무 없으면 삶이 불편해지고 불행해지는 것도 사실이다. 돈은 삶을 윤택하게 만들어 주는 도구이므로 행복해지기 위한 수단으로써의 투자를 배워 나가자. 투자의 핵심은 '삶의 행복'이다. 그리고 행복한 사람이 투자도 잘한다.

02

특별 공급의 역설

특별 공급은 사회적 배려가 필요한 계층의 주거 안정을 위해 건설 물량의 일정 부분을 사회적 약자에게 우선 공급하는 것을 말한다. 사회적 약자를 위한 제도인 만큼 다양한 혜택이 주어진다. 특히 기관 추천형 특별 공급은 해당 기관장의 추천을 받은 국가 유공자, 장기복무 제대 군인, 장애인, 우수 선수 대상자, 중소기업 근로자, 다문화 가족, 탈북자 등을 대상으로 하기에 혜택의 폭이 매우 넓다. 청약의 최소 조건인 청약 통장조차 필요치 않은 대상이 있을 뿐 아니라, 6개월만 납입하면 될 정도로 문턱이 낮다. 경쟁률도 일반 공급에 비해 낮은 편이어서 기관 추천만 받으면 당첨 확률이 높다. 그러나 검증 절차가 까다롭지 않다는 점을 악용하는 사례도 있다.

2002년 U 건설사의 오산 분양 현장에서의 일이다. 그날 나는 청약 당첨자에게 계약 여부를 확인하고, 계약 시 필요한 서류를 안내하는 일을 맡았다. 상담사 한 명당 150여 건의 할당량이 떨어졌는데, 한 건이라도 계약자를 확보하려면 부단히 전화를 돌려야 했다. 식구 수대로 넣었던 청약이 모두 당첨되어 어떤 동·호수로 계약할지 행복한 고민을 하는 사람부터 로열층에 당첨되었지만 아이가 어려서 고층 당첨에 불만인 사람, 반대로 저층에 당첨되어 계약을 망설이는 사람 등 다양했다. 친구 따라 강남 가는 식으로 아무 생각 없이 넣었다가 덜컥 당첨되어 계약금을 마련하지 못한 사람도 있었다. 나는 커피로 식곤증을 쫓아내며 어느 당첨자의 전화번호를 눌렀다. 한참 신호음이 울려도 전화를 받지 않아 끊으려는 찰나, 상대방의 목소리가 들렸다.

"엽떼여?"
"여보세요?"
"엽떼요?"

어린아이인가 싶어 부모님이 계시면 바꿔 달라고 하니, 한참 뒤 예사롭지 않은 목소리가 수화기 너머로 들려왔다. 전화를 건네받은 사람은 심각한 언어 장애를 가진 남자였다.

"안녕하세요. 고객님이 청약한 ○○ 아파트 모델 하우스 박병주

과장입니다. 당첨을 축하드립니다. ○○○ 님 맞으시죠?"

그러나 수화기 너머에서는 알아듣기 힘든 소리만 흘러나왔다. 30분 가까이 통화했지만, 도저히 말을 알아들을 수가 없었다. 순간, 장애인 특별 공급을 노려 아파트를 분양받아 웃돈을 얹어 되파는 브로커에게 청약 통장을 넘긴 사람이라는 생각이 들었다. 전매가 가능해 2,000~6,000만 원까지 프리미엄이 붙은 로열층도 팔 수 있던 시절이었다. 그래서 가점이 높은 청약 통장이 그 자리에서 천만 원 단위로 거래되기도 했다.

분양 상담사를 하며 가장 씁쓸한 순간이었다. 아무것도 모르는 장애인을 속여 분양권을 소유하는 건 잘못된 일이다. 그 장애인은 생애 한 번밖에 쓸 수 없는 그 청약 통장을 제값이나 받았을까?

이렇게 편법으로 분양권을 사고파는 검은 거래는 정부의 강력한 규제에도 여전히 기승이다. 얼마 전, 신혼부부 특별 공급 분양 과정에서 위조 임신 진단서가 사용되었다는 뉴스가 보도되었다. 서류 위조는 '주택 공급 질서 교란 행위'로 3년 이하의 징역 또는 3,000만 원 이하 벌금의 형사 처벌을 받으며, 10년간 청약도 할 수 없다. 사람들은 왜 이런 처벌을 감수하고서라도 문서를 위조하는 걸까?

바로 돈이 되기 때문이다. 서울은 프리미엄이 1~4억 원까지 붙는 경우가 허다하다. 그래서 투자자들은 3,000만 원 이하의 벌금 정도는 감수한다. 신혼부부 특별 공급은 결혼 7년 이하의 부부를 대상으로 하는데, 서울을 기준으로 했을 때 최소 평수인 59㎡의 분양가는 7~8억을 호가한다. 그러나 일반 근로 소득으로는 도저히 분양 받을 수가 없다. 또한, 일정 금액 이상의 대출을 제한하는 부동산 규제도 있다. 이렇게 사회적 약자를 위해 만든 특별 공급 제도가 오히려 부자들의 범법 행위를 부추긴다.

김해대학교 금융부동산정보과 최웅림 교수는 "특별 공급 제도는 어느 정도 재산이 있는 사람이 이용할 수 있는 제도다."라고 말한다. 진짜 취약 계층은 분양권을 받아도 아파트를 사기가 힘들다. 계약금조차 마련하기 힘들기 때문이며, 결국 이들이 현실적으로 할 수 있는 건 분양권을 되팔아 차액을 남기는 것뿐이다. 게다가 국가유공자와 장애인, 철거민의 경우 관련 단체에서 정하는 우선순위에 따라 대상자가 선정된다. 관련 단체가 누구를 추천하느냐에 따라 분양권의 향방이 바뀔 수 있다. 이를 악용해서 단체장이 특정인에게 분양권 특별 공급 대상자로 추천한 뒤, 분양권을 팔아 이익금을 나눠 가지는 사례도 있었다.

특별 공급 제도는 취약 계층 주거 안정이라는 본 취지가 무색할 정도로 악용되고 있다. 이처럼 규제는 역설에 역설을 낳는다. 특별 공급에서 '특별'은 과연 누구를 의미하는 걸까? 현실적이고 실용적인 주거 안정 대책은 평범한 직장인이 서울에서 내 집을 마련하는 것만큼이나 요원하다. 이 역시도 모순이다.

03

미분양마저 귀한 몸이 된 새 아파트 전략

미분양이라고 하면 인기 없는 아파트라는 통념이 강하지만, 요즘에는 '줍줍'이라는 신조어가 유행할 만큼 인식이 많이 바뀌었다. 워낙 강력한 부동산 규제로 인해 공급이 적다 보니, 새 아파트가 시장에서 귀한 몸이 된 것이다. 물론 새 아파트를 구입한다고 무조건 수익이 나는 건 아니다. 꼼꼼히 미분양이 된 원인을 분석해 보아야 한다. 다음은 대표적인 미분양 원인이다.

첫째는 입지가 안 좋은 경우이다. 이 문제는 시간이 지나도 해결이 쉽지 않다. 추천하지 않는다. 둘째는 고 분양가이다. 그러나 경험상 새 아파트가 가장 싸므로 큰 결함 사항은 아니다. 셋째는 일시적으로 공급 물량이 과다한 경우이다. 이는 시간이 해결해 줄 수 있다.

2020년에 평택의 P 아파트 모델 하우스에서 일한 적이 있다. 평택은 내가 처음으로 조직 분양을 시작한 지역이라 의미가 있는 곳이었다. 오랜만에 찾은 평택은 허허벌판이던 2011년과 사뭇 달랐다. 아파트들이 밀집해 세련되어 보였고, 고층 건물들 사이로 흐르는 개천은 친환경 도시로서의 품격을 느끼게 했다. 지구 단위 계획으로 말쑥하게 새 옷을 입은 신도시로서의 모습을 보니 격세지감이 느껴졌다.

사실 얼마 전까지만 해도, 평택 고덕 신도시는 정부의 부동산 규제 정책으로 매수세가 한풀 꺾여 있었다. 그러나 매체에서 '부동산 값은 거품이다. 주저앉을 것이다'라고 해도 실제로는 그렇지 않은 경우가 많다. 평택 부동산의 핫 플레이스인 고덕 신도시 현장은 하루가 다르게 발전하고 있었다. 새로운 도로가 생기고, 곳곳에 건물이 올라가고 있었다. 다만, 신도시 안쪽에는 입주 완료된 아파트가 없어서 기반 시설이 부족했다. 이런 이유로 관심은 있지만 분양은 꺼리는 분위기였다.

실제로 대부분의 신도시가 그러하다. 분양과 입주가 이루어져야 아파트의 가치가 오른다. 그리고 결국 프리미엄이 붙어 최대로 올랐을 때, 매수하는 이가 바로 해당 지역 주민들이다. 역설적이게도 실수요자가 제일 늦게 움직이고, 투자자가 제일 빨리 움직인다. 이유가 있다. 고가이므로 실수요자는 전 재산을 몰아 넣어야 하기 때문이다. 신중해질 수밖에 없다. 이들은 아흔아홉 가지 조건이 마음에 들어도 한 가지 조건이 마음에 안 들면 분양을 포기한다. 간단한 일화가 있다.

평택의 소사벌 지구 P 아파트는 2016년 분양을 시작해 2019년 3월에 입주가 이루어졌다가, 2020년에 다시 잔여 세대 분양을 재개했다. P 아파트는 LH 주택공사와 민간 건설사가 공동으로 건축했기에 잘 지은 아파트라는 느낌이 드는 아파트였다. 고급 마감재로 시공되어 있었고, 관리도 잘 되어 있었다. 미분양이었던 이유는 당시 부동산 시장 분위기가 너무 안 좋았기 때문이다. 여러 번 시스템을 바꾸고 인력을 대거 투입해 분양했는데도 다 팔지 못했다. 그렇게 결국 약 3년의 세월이 흘러 잔여 세대 분양을 다시 시작하게 된 것이다.

분양 대행사는 나를 포함한 4명의 분양 상담사와 부동산 전담 홍보팀을 구성했다. 모두 베테랑이라 짧은 오리엔테이션을 갖고 곧바로 손님을 맞을 준비를 했다. 고객에게 실제 입주할 집을 보여 주면 되었기에 모델 하우스는 필요 없었다. 관심은 엄청났다. 다음 날부터 부동산에서 온 사람인지 고객인지 모를 인파가 분양 사무실 앞에 줄지어 있었다. 첫날 19층, 17층, 11층, 9층, 7층 순으로 고객들이 분양을 받아 갔다. 2019년에 같은 대행사에서 분양했던 인근 아파트가 분양 막바지에 이르러 프리미엄이 3,000만 원 넘게 올라갔던 학습 효과 덕분인지 전화기는 불이 났다. 17층을 분양받은 사람이 1,000만 원의 프리미엄을 붙여 되판 뒤, 7층을 새로 분양받아 가기까지 했다. 투자자들은 이렇게 시장을 찾아다닌다. 그리고 참새가 방앗간을 그냥 지나치지 않듯이 투기꾼도 이곳을 놓치지 않았다. 이들은 필요한 서류를 미리 준비해 와 동·호수는 묻지도 따지지도 않고 분양받아 갔고, 분양 상담사들의 설명은 필요로 하지도 않았다. 이미 부동산 모임에서 학습이 다 이루어져 잔여 층과 호수만 체크하면 되었기 때문이다. 정말 이들은 쇼핑하듯 집을 샀다.

그러던 어느 날, 방문 고객에게 입주할 집을 보여 주며 단지를 돌고 있는데 우연히 지인을 만났다. 분양 상담사였는데, 개인적인 투자를 위해 방문한 터였다. 분양업계에 있는 사람은 직업 특성상 분양 정보가 빠르기 때문에 개인 투자를 하는 사람도 많다. 나는 그분께 많은 정보를 드렸고, 그분은 원하는 호수를 계약했다. 분양이 끝난 후 그분은 프리미엄만 2,000만 원이 올랐다며 나에게 값비싼 선물을 건넸다. 이렇게 뜨거운 반응에 힘입어 3개월 만에 잔여 세대와 상가 내 건물까지 분양이 완료되었다.

그런데 얼마 후, 평택이 조정 대상 지역으로 지정되면서 전매가 금지되는 일이 벌어졌다. 실제로 2021년 2월부터 수도권 민간 택지 분양가 상한제가 적용되는 아파트 당첨자는 최초 입주 가능 일부터 최소 2년 이상 의무적으로 거주해야 한다. 민간 택지는 분양가가 인근 매매가의 80% 미만이면 3년, 공공 택지는 최대 5년까지 거주 의무 기간이 부여된다. 투자자들뿐만 아니라 무주택자들의 내 집 마련 역시 기회의 폭이 좁아진 것이다.

그러나 부동산 컨설턴트이자 부동산 입지 전문가인 김학렬(빠숑) 소장은 "시장이 공포에 질렸을 때 기회를 발견하는 지혜를 갖춰야 한다."라고 조언한다. 지금은 오르기 시작하면 달라붙는 불나방 같은 투자가 아닌 거시적인 관점에서의 전략적인 투자 방법을 모색해야 할 시점이다. 조급해하기보다 혜안을 갖고 변화하는 분양 시장에서 성공할 수 있는 투자 근육을 단련해야 한다. 기회는 준비된 자에게 찾아오는 법이다.

04 끝날 때까지 끝난 게 아니다_ 내 집 마련을 위한 플랜 B '줍줍'

2020년은 코로나19가 무색할 정도로 아파트 청약 열기가 뜨거운 해였다. 연초에 분양 76%가 1순위에서 마감됐다. 정부의 다양한 부동산 규제 정책과 코로나19 등의 여파로 위축됐던 주택 시장과 달리, 아파트 분양 시장은 후끈 달아올랐다. 새 아파트 선호 현상이 뚜렷해지고, 시세보다 저렴한 곳이 많아 '거주와 투자' 두 마리 토끼를 잡을 수 있다는 기대감이 청약자를 끌어모은 것이다. 인기 단지는 청약 부적격 및 계약 포기로 인한 '잔여 세대 추첨'에도 수만의 인파가 몰렸다.

수원 장안구의 P 아파트는 28세대 미계약분이 나와 인터넷으로 청약 신청을 받았는데, 오후 4시에 4만 4,887명이 청약을 넣어

1,603:1의 경쟁률을 보였다. 그리고 수원의 H 건설사 아파트도 홈페이지가 마비될 정도로 인파가 몰려 무순위 청약 접수를 세 시간 더 연장해 받기도 했다. 두 아파트 모두 분양 당시 비규제 지역으로 조정 대상 지역에 해당되지 않았고, 당첨 이후 분양권을 전매할 수 있기 때문에 투자자들의 이목이 집중된 것이다. 더욱이 올해부터는 가점제, 재당첨 제한, 강화된 1순위 청약 조건 등으로 당첨 확률이 좁아져서 비교적 조건이 까다롭지 않은 잔여 세대 추첨에 대한 관심은 뜨거울 수밖에 없었다. 줍고 줍는다는 뜻의 '줍줍'이라는 신조어도 생겼다. 잔여 세대 무순위 청약을 통칭하는 말이다. 그렇다면 무순위 청약은 어떻게 도전할까?

무순위 청약은 왜 발생할까?

보통은 일반 공급과 특별 공급을 통해 입주자를 선정하고, 예비 당첨자들까지 순차적으로 공급이 끝나면 미계약, 미분양, 계약 최소 등으로 인해 잔여 세대가 발생한다. 보통은 당첨자가 청약 부적격 판정이 나거나, 당첨된 세대가 마음에 안 들어 계약을 포기하거나, 자금이 부족해서 발생한다.

미계약 세대와 미분양 세대

잔여 세대는 무순위 청약을 통해 입주자를 추가 모집하는데, 여기에는 미계약과 미분양 두 종류가 있다. 미계약 세대는 당첨자가 부적격 처리되거나, 자금 부족, 단순 변심 등의 이유로 계약을 포기하며 발생한 잔여 세대를 말한다. 동·호수 배정까지 되었지만 최종적으로 주인이 없는 세대이다. 미분양 세대는 조금 다르다. 초기 분양 때 신청자가 없어서 동·호수조차 배정되지 않은 물량을 말한다. 그러나 미분양일지라도 단순히 인기가 없어서라고 판단할 수는 없다. 부동산 정책과 분양 시기에 따른 일시적인 현상일 가능성이 크다. 미분양 세대도 시간이 지나면 재평가되는 것을 많이 보았다.

무순위 청약의 장점과 주의사항

무순위 청약은 누구나 도전할 수 있다. 다주택자도 참여할 수 있고, 청약 통장도 필요 없다. 또한 당첨자로 미 분류되어 재당첨 제한에도 걸리지 않는다. 보통은 특별 공급이나 1,2순위로 당첨되면 투기 과열 지구의 경우 10년간 청약을 할 수 없지만, 무순위 청약은 재당첨 제한에 걸리지 않는 것이다. 가장 큰 메리트라고 할 수 있다. 무순위 청약으로 계약 후에 직계존비속으로 명의 변경도 가능하고 대부분은 지역 제한도 없다. 2021년 3월 말부터 무순위 청약 신청 자격 제한이 시행된다. 이른 바 '줍줍' 자격이 무주택자로 제한되는 것이다. 국토교통부는 이 같은 내용의 '주택 공급에 관한 규칙' 일부 개정안을 1월 22일에 입법 예고했으며, 정부는 관계 기관 협의와 법제처 심사 등을 거쳐 3월 말에 변경된 주택 공급 규칙을 공포·시행할 계획이다. 국토교통부는 무순위 청약에 대한 신청 자격을 '성년자'에서 '해당 주택 건설 지역의 무주택 세대 구성원인 성년자'로 변경해서, 무주택자를 위한 공급 기회를 확대한다. 무순위 물량이 규제 지역(투기 과열 지구·조정 대상 지역)에서 공급될 경우 일반 청약과 동일하게 재당첨 제한이 적용된다. 재당첨 제한 기간은 투기 과열 지구는 10년, 조정 대상 지역은 7년이다.

단, 중도금 대출을 받아야 할 경우 소득 증빙이 수반되어야 하며, 다주택자는 중도금 대출이 제한될 수 있다. 현재는 규제 지역일 경우 중도금 대출이 어려우며, 주택을 한 채라도 보유하고 있으면 정해진 기한 내에 처분하겠다는 조건이 있어야 한다. 특히 집이 두 채 이상 있으면 중도금 대출이 아예 안 되므로, 보유하고 있는 자산의 흐름을 잘 알고 도전할 것을 권한다.

무순위 청약 정보는 어디에서 얻을까?

분양 정보 알림 앱이나 건설사 홈페이지를 자주 들여다보거나, 분양 사무소, 관심 모델 하우스 등에 문의한 뒤 연락처를 남기면 된다. 그렇게 잔여 세대 분양 공고 일정을 확인하고, '한국 감정원 청약홈(https://www.applyhome.co.kr)'을 통해 신청하자. 무순위 청약은 진입 장벽이 매우 낮으므로, 가점이 낮거나 다주택자여서 당첨이 어려운 분들에게 무조건 권하고 싶다. 신청한다고 100% 당첨되는 건 아니지만, 당첨 이후 계약을 안 해도 불이익이 없으니 말이다. 이런 정보를 알고 활용할수록 내 집 마련을 위한 꿈에 가까워진다. 좋은 플랜 B가 될 것이다.

05

모델 하우스 방문 전에 알아 둘 것

모델 하우스는 아파트 계약 전 한 번 이상은 방문하게 되는 곳으로, 실제로 분양될 아파트와 똑같이 구현해 놓은 견본 주택을 말한다. 그러나 막상 가면 인테리어만 구경하게 될 뿐, 무엇을 체크해야 할지 막막해지는 게 사실이다. 모델 하우스에 방문하기로 했다면 다음 사항을 확인하자.

첫째, 일단 '입주자 모집 공고'를 통해 미리 해당 아파트의 객관적인 분양 정보를 파악한다. 입주자 모집 공고에는 단지 개요와 평형별 세대 수, 동·호수 배치도뿐 아니라, 분양가와 계약금, 납부 방법 등이 자세히 명시되어 있다. 통상 청약 접수 열흘 전에 일간지에 공고하도록 의무화되어 있으므로, 인터넷이나 신문을 통해 확인할 수 있다. 입주자 공고 모집에서 확인할 사항은 다음과 같다.

전매 제한 및 재당첨 제한 기간

분양가 상한제 적용 여부에 따라 전매 제한 기간이 다르며, 2021년 2월 19일부터는 수도권 분양가 상한제 대상의 주택 거주 의무 기간이 최대 5년까지 적용된다. 이를 어기면 최대 10년간 입주 자격이 제한된다. 시행령에 따르면, 민간 택지일 경우 분양가가 인근 지역 주택 매매가의 80% 미만이면 3년, 80% 이상~100% 미만이면 2년간 무조건 거주해야 한다. 공공 택지일 경우 분양가가 인근 지역 주택 매매가의 80% 미만인 경우 5년, 80% 이상~100% 미만인 경우 3년이다. 즉, 민간 택지는 2~3년, 공공 택지는 3~5년 거주해야 한다. 건설 기간인 3년을 빼면 최소한 3~5년 정도 거주해야 하는 셈이다. 만약 전매 제한 기간이나 거주 의무 기간에 거주지를 이전할 경우 LH 주택공사에 헐값에 되팔아야 하므로 주의하자.

지역우선 공급제도

'지역우선 공급제도'는 주택이 건설되는 시·군에 거주하는 청약자에게 우선 공급되는 청약 제도이다. 시도별로 당해 거주 기간이 다르며, 현재 서울에서 분양하는 아파트는 같은 1순위라도 서울 거주자가 우선이다. 서울에서 미달하면 경기와 인천 등의 인근 수도권 청약자가 다음 순위가 된다.

당해 기준을 만드는 방법은 간단하다. 분양 받고 싶은 지역으로 주소지를 옮기면 된다. 그러나 서울의 경우, 청약 1순위 당해 요건을 갖추기 위해서는 보통 주소를 옮긴 후 2년 이상 거주해야 1순위 자격을 얻을 수 있다.

공급 면적 표기 방식

청약하고자 하는 주택의 전용 면적을 확인해야 한다. 현재는 전용 면적을 ㎡로 표시해서 주택형으로 사용한다. 여기서 따져 봐야 할 점은 아파트와 오피스텔의 분양 면적과 전용 면적에 차이가 난다는 점이다. 아파트는 주택법을 따르고 오피스텔은 건축법을 따르기 때문인데, 분양가 표시 역시 아파트는 공급 면적을, 오피스텔은 계약 면적을 기준으로 하며, 평당 분양가를 계산할 때도 오피스텔은 지하 주차장 등의 기타 공용 면적을 추가하기도 한다. 이런 이유로 오피스텔이 아파트보다 분양가가 낮다고 착각하는 사람이 많으므로 반드시 꼼꼼히 따져 볼 사항이다. 아파트 평수 계산은 포털에 '아파트 평수 계산기'를 이용하면 편리하다.

아파트와 오피스텔 면적 계산하기

- 아파트 공급 면적(분양 면적) = 전용 면적(방, 욕실, 주방, 거실 등) + 주거 공용 면적(엘리베이터, 복도, 계단 등)
- 아파트 계약 면적 = 공급 면적(전용 면적 + 주거 공용 면적) + 기타 공용 면적(지하 주차장, 놀이터, 경비실, 노인정 등)
- 오피스텔 계약 면적 = 전용 면적 + 주거 공용 면적 + 기타 공용 면적(주차장 등)

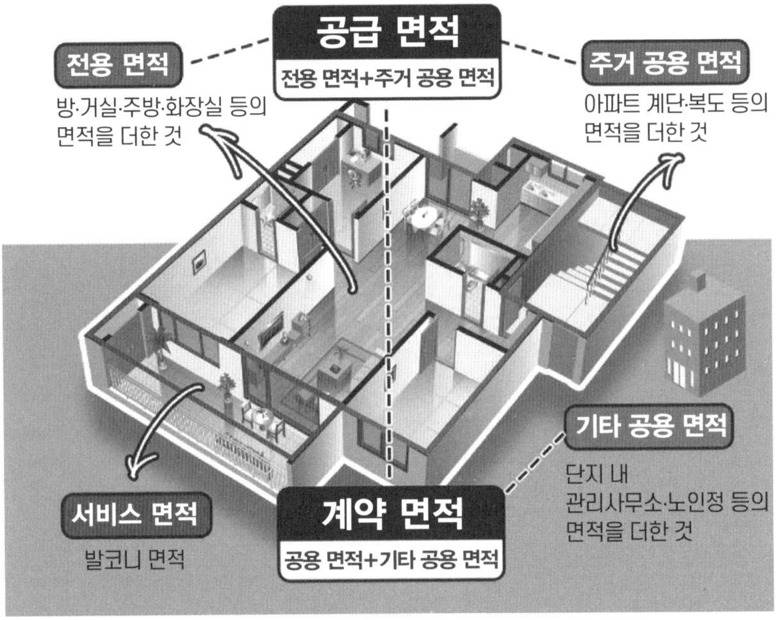

중복 당첨과 가점제 계산

신청 자격 및 당첨자 선정 방법은 신청 방법 항목에 표시되어 있다. 만약 당첨자 발표일이 같으면 1인 1건만 신청할 수 있으므로 주의하자. 당첨자 발표일이 같은 곳에 중복 청약이 되면, 두 당첨 모두 취소된다.

청약 가점은 민영 주택 청약 시 1순위 청약자 내에서 경쟁이 있을 경우 당첨자를 선정하는 기준이 된다. 만점은 84점으로 무주택 기간 32점, 부양가족 수 35점, 청약 통장 가입 기간 17점으로 구성된다. '청약홈'이나 '청약365'와 같은 앱으로 가점 계산과 청약 자격, 청약 신청 방법을 쉽게 확인할 수 있다.

투기 과열 지구 및 청약 과열 지역		투기 과열 지구 및 청약 과열 지구 외	
국민 주택	민영 주택	국민 주택	민영 주택
24개월 경과	24개월 경과	12개월 경과 경과	12개월 경과
24회 납입	지역별 예치금 납입	12회 납입	지역별 예치금 납입

지역별 예치금

전용 면적	서울/부산	기타 광역시	기타 시 및 군
85㎡ 이하	300만 원	250만 원	200만 원
102㎡ 이하	600만 원	400만 원	300만 원
102㎡ 초과~135㎡ 이하	1,000만 원	700만 원	400만 원
135㎡ 초과	1,500만 원	1,000만 원	500만 원

부적격 당첨 내용

계약 항목 조항에서 부적격 사유가 발견되면 당첨이 취소되고 청약 통장을 10년간은 사용할 수 없게 된다. 주택 소유, 신청 서류 변조, 청약 통장 타인 명의 가입 및 불법 양도 등이 대표적인 예다. 물론, 세대주 및 해당 거주지, 부양가족 수, 가점 점수, 중복 당첨, 재당첨 제한 등에서 청약자 부주의로 신청 자격을 위반할 경우에는 당첨만 취소되고 다시 청약 통장을 사용할 수 있다.

둘째, 단지 모형도를 통해 위치와 전망 등을 체크하자. 모델 하우스에 있는 단지 모형도를 보면 단지 형태와 전망을 확인할 수 있다. 모형도를 통해 각 동의 방향과 녹지 공간, 주변 교통, 편의 시설, 소음 발생 여부 등을 대략적으로 파악한다. 같은 아파트라도 동의 위치나 층에 따라 주거 편의성과 부동산 가치가 크게 달라질 수 있다. 이러한 기본적인 사항을 숙지하고 가면, 모델 하우스에 방문에 궁금한 점과 원하는 정보를 야무지게 알아볼 수 있다.

셋째, 실질적인 옵션과 공간을 확인하자. 모델 하우스는 같은 면적이라도 인테리어 때문에 더 화려하고 넓어 보인다. 이런 데에 현혹되기보다 전시물을 제외한 실사용 공간과 기본 옵션을 확인하는 게 바람직하다. 자신의 라이프 스타일을 고려해서 공간과 동선의 편의성, 수납공간 등을 체크하자. 또한 모델 하우스는 발코니 확장을 한 상태로 설계하므로, 상담사에게 정확히 문의하는 게 좋다.

넷째, 분양 상담사와 상담하자. 모델 하우스를 둘러보고 대략적인 내용을 파악했다면 이제 분양 상담을 통해 구체적인 분양 정보를 얻을 차례이다. 층별 분양가가 다르므로 계약 조건과 금융 혜택, 옵션, 발코니 확장비가 다를 수 있다. 상담을 통해 꼼꼼히 자금 마련 계획을 세우자.

다섯째, 현장에 가 보자. 모델 하우스를 방문했다면 반드시 실제 건설 현장을 임장해야 한다. 모델 하우스는 실제로 거주하는 현장이 아닌, 사람을 모으기 위해 교통을 편리한 곳에 짓는 게 대부분이다. 그러므로 현장에 가서 실제 주변 교통 상황과 입지 조건, 편의시설을 확인하고, 향후 인프라 형성 가능성을 유추해 보아야 한다. 직접 보는 것이 백 마디 말보다 낫다. 상담사가 개발 호재를 이야기해도 입주 시기와 차이가 날 수도 있으니 현시점의 아파트 공사 현장 주변을 둘러보는 게 중요하다.

여섯째, 입주자 모집 공고 마지막에 나오는 유의사항과 특이사항을 주의 깊게 읽고 방문하자. 유의사항과 특이사항에는 향후 분쟁이 될 수 있는 사항이 세세히 기재되어 있다. 해당 지역이 도시 개발 사업 지구이거나 주거 환경 개선 사업 부지이거나, 학교와 도로 등에 대한 기타 개발 계획이 있다는 등의 정보와 주변 지형에 경사가 있다거나 항공기가 지나다닌다거나 송전탑과 고압선이 매립되어 있는지 등의 환경적 요인을 알 수 있다. 이러한 사항은 생활과 밀접하게 연관되어 있으니, 꼼꼼히 읽어 보아야 한다. 예를 들어, 쓰레기 분리수거함이 가까운 세대는 악취와 해충에 시달릴 수 있고, 지하 주차장의 출입구와 가까운 세대는 소음과 간접 조명의 영향을 받을 수 있다. 그밖에 유해 시설과 마감재, 발코니 확장 및 실외기 설치, 사생활 침해 등의 법적 문제가 발생할 소지가 있는 민감한 사항이 기재되어 있다.

이러한 사항은 모델 하우스에서도 잘 알려 주지 않는 경향이 있고, 향후 분쟁 시 건설사에서 입주자 공고 사항에 기재해 고지의 의무를 다했다며 입주자에게 책임을 떠넘기는 경우도 있다. 낭패를 볼 수 있으니 숙지하고, 상담사에게 정확히 물어 도움을 받자. 지피지기면 백전백승이다. 단순한 모델 하우스 구경이 아닌 치밀하고 구체적인 사전 전략을 통해 내 집 마련에 성공하기를 바란다.

06 코로나19가 가져온 주거 트렌드 변화

코로나19는 집에 대한 인식마저 바꾸고 있다. 집 안에서 생활하는 시간이 늘면서 실내 환경을 안락하고 생산적인 공간으로 만들려는 사람이 많아진 것이다. 인테리어와 가전에 대한 관심이 급증하며, 새로운 주거 트렌드를 양산하기까지 하고 있다.

일단 거실의 쓰임이 달라졌다. 이전에는 소파와 텔레비전이 거실의 중앙을 차지해 귀가 후 쉴 수 있는 공간이었다면, 현재는 책장과 테이블을 넣어 자녀와 부모가 함께 공부하고 일하는 홈 오피스의 형태로 바뀌고 있다. 또한 부부 침실로 주로 사용했던 안방은 활동성이 큰 자녀 방으로 꾸미는 추세이다.

라이프 스타일을 반영하는 사람도 많다. 사운드 바를 설치해 집을 극장처럼 꾸미거나, 호텔식 침구와 리클라이너를 이용해 집 안에서 여가를 즐기는 이도 급증했다. 베란다를 정원이나 홈 트레이닝 공간으로 꾸미기도 한다.

워라밸을 중시하는 문화 역시 새로운 주거 형태를 만들고 있다. SNS에 '방스타그램, 집스타그램'과 같은 해시태그를 넣어 각자의 라이프 스타일과 취향을 반영한 집 꾸미기를 보이기도 하며, 텔레비전에서는 수납법과 죽은 공간을 재탄생시키는 방법을 다룬 프로그램이 인기리에 방영되고 있다. 또한, 소위 '금손'이라 불리는 사람들이 셀프 인테리어를 통해 자신만의 콘텐츠를 만들고 있는 것도 특이점이다. 인테리어라는 전문 분야의 경계가 모호해지는 것이다. 이렇다 보니, 이전에는 내 집 마련 시점까지 미루던 집 꾸미기를 자취방이나 전셋집에도 적극적으로 감행하는 사람들이 증가했다. 아주대 사회학과의 노명우 교수는 "기성세대가 전셋집을 꾸미지 않았던 건 내 집을 장만할 수 있다는 기대가 있었기 때문이다. 그러나 지금은 전셋집이 영구적으로 살아야 할지도 모르는 곳이 되어 버렸다. 내 집을 마련할 때까지 집 꾸미기를 유예하면, 평생 내가 원하는 집에서 살 수 없다는 우려가 '전셋집 인테리어'라는 새로운 풍조를 낳았다."라고 말했다.

홈 인테리어에 대한 관심은 새로운 키워드를 생산하고 있으며, 위생(Sanitize), 정리정돈(Tidy Up), 집에서의 다양한 활동(At Home)

을 지원하는 홈 케어 서비스도 인기이다. 곰팡이와 외부 먼지 등 유해 바이러스를 잡아 주고 집 안 공기를 관리하는 공기 청정 제품에 대한 수요가 급증한 것이다. 가구 업체 '한샘'의 관계자에 따르면 "집에 머무르는 시간이 늘어나면서 집 안을 깨끗하게 정리할 수 있는 수납 인테리어가 가장 큰 주목을 받았고, 집의 기능이 심화되면서 홈 카페, 홈 오피스 등 새로운 공간 인테리어가 주목받았다."라고 한다. 통계청 집계만 봐도 2020년 가구 판매액은 전년 대비 26.7%의 성장률을 기록했고, 온라인 가구 쇼핑 거래액은 같은 기간 대비 56.1%, 모바일 가구 쇼핑 거래액은 58.6% 증가했다. 즉, 코로나19로 인해 집콕족이 늘면서 인테리어 업계는 때 아닌 호황을 맞이했다고 볼 수 있다.

코로나19의 장기화로 피로도가 쌓인 현대인들은 스트레스를 해소하고 여유를 찾을 수 있는 나만의 공간을 원한다. 휴식과 재충전을 통해 삶의 질을 높이고 싶어 한다. 이러한 욕구를 반영한 주거 공간의 인식 변화는 유행이라기보다는 하나의 풍조로 자리잡은 것으로 보인다. 집은 내가 가장 편안한 공간이어야 한다. 편안을 의미하는 한자 '편안할 안(安)'에도 '집 면(宀)'이 들어간다. 심신이 안락하게 쉴 수 있는 공간, 오롯이 내 취향이 반영된 집에 대한 수요는 앞으로도 계속될 것이다. "즐거운 곳에서는 날 오라 하여도 내 쉴 곳은 작은 집 내 집뿐이리." '즐거운 나의 집'은 아무리 생각해도 명가사다.

07

분양 고수가 알려 주는 청약 당첨 노하우

사람들은 서울에 있는 아파트 당첨을 로또와 같다고 말한다. 분양가가 시세보다 저렴하기 때문이다. 그러나 서울에서 아파트를 분양 받기란 하늘의 별 따기만큼이나 어렵고, 청약을 공부하지 않고 울며 겨자 먹기로 일반 매물을 매수한 사람들은 뒤늦은 후회를 한다. 하락장에서는 버티고 상승장에서는 더 오르는 물건이 새 아파트다. 그렇다면 어떻게 청약에 당첨될 수 있을까? 청약에도 당첨 노하우가 있다.

첫째, 주택 청약 통장부터 만들자. 기본이다. 청약 통장은 대한민국 국민이면 누구나 가입할 수 있으며, 1인 1통장이 원칙이므로 가족 수대로 만들 수 있다. 매월 2~50만 원까지 자유 납입이 가능하며, 한번에 일정 금액을 예치할 수도 있다. 자녀의 청약 통장은 만 17세에 가입하는 게 좋다. 성년(만 19세)이 되기 전 가입 기간은 최대 2년만 인정되기 때문이다. 주택 종합 청약 통장을 미리 만들어 두면 가점에서 유리하다.

부가적으로 청약 통장은 크게는 세전 2.1% 수준까지 우대 금리가 적용되므로, 청약에 쓰지 않더라도 저금리 시대에 재테크로 유용한 상품이다.

청약 고수들은 기본에 충실해야 한다고 입을 모아 말한다. 당첨 확률을 높이기 위해서는 당첨될 수 있는 기본 요건을 갖추고 자신의 가점을 알아야 한다. 보통 가점이 40점대는 되어야 안정권이라고 할 수 있는데, 서울은 청약 가점 평균 경쟁률이 세다 보니 강남 3구의 경우는 평균이 60점대가 훌쩍 넘는다.

청약 가점이 낮다면 입주민의 50%를 추첨제로 선정하는 전용면적 85㎡ 초과 중대형 타입에 눈 돌리는 것도 방법이다. 그리고 무순위 청약 일정과 정보를 알려 주는 앱도 있으니 활용해 보자. 무주택자를 위한 혜택이 많아진 요즘이다. 아파트 잔여 세대를 무작위로 추첨하는 이른바 '줍줍' 자격이 무주택자로 제한된다. 국토교통부는 이번 제도 개선을 통해 무순위 청약의 신청 자격을 성년자에서 '해당 주택 건설 지역의 무주택 세대 구성원인 성년자'로 변경해 무주택자에게 공급 기회를 확대한다.

청약 통장 사용 노하우

- 분양받고자 하는 지역의 최소 예치금을 넣어 두자. 청약 순위는 그 후 6~24개월이 경과해야 발생한다.
- 민영 주택은 분양받고자 하는 지역의 최소 예치금 납입 후 10만 원씩 6~24개월을 납부해야 청약할 수 있다.
- 청약 통장으로도 예금 담보 대출을 받을 수 있으며, 대출 중에도 청약 통장은 효력을 유지한다.
- 청약에 당첨되면 청약 통장의 효력은 즉시 상실된다. 청약 당첨 후에는 바로 신규 청약 통장을 만들자.
- 부적격으로 당첨이 취소되면 청약 통장 부활을 신청하자. 부적격 되었다고 섣부르게 통장을 해지하지 않도록 한다.

둘째, 당첨이 우선이라면 비선호 타입을 공략하자. 주택형별로 청약을 받기 때문에 경쟁자가 분산되는 효과가 있다.

그렇다면 사람들은 어떤 아파트를 선호할까? 가장 많이 선호하는 아파트는 판상형 아파트이다. 그리고 구조별로는 서비스 면적이 크게 나오는 4베이 구조, 평형별로는 84㎡, 59㎡ 순으로 인기가 높다. 그러

서울 주택형 청약 당첨 커트라인

단지명	최고점	최저점	단지명	최고점	최저점
e편한세상 송파 파크 센트럴	71점 (전용 59㎡ C)	36점 (전용 84㎡ F)	사가정 센트럴 아이파크	52점 (전용 59㎡ A)	22점 (전용 84㎡ B)
고덕 아르테온	70점 (전용 59㎡ D)	42점 (전용 84㎡ D)	힐스테이트 클래시안	69점 (전용 49㎡)	43점 (전용 84㎡ B)

출처_ 한국경제부동산

나 이 또한 사람마다 다르다. X자형, Y자형 등의 구조로 설계되는 타워형 아파트는 통풍이 다소 아쉽지만, 독특하고 세련된 외관에 다양한 방향으로의 조망권을 확보할 수 있다는 점에 선호하는 사람도 있다. 누군가에게는 단점인 게 장점일 수도 있고, 장점이 단점일 수도 있다. 가족 구성원의 라이프 스타일을 고려하는 게 중요하다.

테라스와 다락방이 있다면 더할 나위 없이 좋으며, 특수한 조망일 경우 가치가 더 높다. 강이나 호수, 산, 공원과 같은 조망권은 언제나 인기가 좋다. 그러므로 지금까지 나열한 내용과 반대 타입을 공략하면 당첨 확률을 높일 수 있다. 사실 프리미엄이 형성되고 나면 악재도 언제 그랬냐는 듯 사라진다. 물론, 묘지나 모텔, 고속 도로, 굴뚝, 송전탑 조망권은 피하는 게 좋으며, 조망권은 포기해도 일조권은 포기하지 않는 게 좋다. 전략적으로 다가가자.

셋째, 로또 급이라는 인기가 아주 높은 단지와 같은 날 당첨자를 발표하는 아파트에 청약하자. 중복 청약이 안 되기 때문이다. 그리고 당첨되지 않더라도 낙담하기에는 이르다. 미계약분 추첨까지 긴장을 놓아서는 안 된다. 각종 부동산 정책으로 청약 자격이 강화되면서 부적격자도 속출하는 상황이다. 집을 두 채 이상 보유하고 있거나 세대 구성원 중 재당첨 제한이 걸린 경우에도 부적격 처리가 된다.

넷째, 특별 공급 대상자를 확인하자. 특별 공급은 일반 청약보다 경쟁률이 낮아 당첨 확률이 높다. 기관 특별 공급에는 국가 유공자, 장애인, 중소기업 근로자 등이 해당되며, 국가 유공자나 장애인은 청약 통장도 필요하지 않다. 지자체 홈페이지를 통해 자신이 특별 공급에 해당하는지 살펴보자. 물론, 주의할 점이 있다. 특별 공급의 경우에는 입주자 모집 공고 이전에 사전 접수를 받으므로 분양가 정보를 알기 어렵다. 즉, 분양가를 모르고 청약해야 하는 상황이 발생한다. 주변 시세와 가용할 수 있는 자금을 파악해 두고 신청해야 한다. 또한, 기관에서 추천을 받았어도 청약홈에 신청하지 않으면 안 된다. 태아와 입양 자녀를 포함해 미성년 자녀가 3명 이상이면 다자녀 특별 공급을, 만 65세 이상의 부모님과 3년 이상 동거 중이라면 노부모 특별 공급을 노리자.

신혼부부 특별 공급도 눈여겨볼 만하다. 신혼부부 특별 공급 대상자는 혼인 기간 7년 이내, 도시 근로자 월평균 소득 120%(맞벌이 130%) 이하라면 신청할 수 있다. 여기에 생애 최초 주택을 구입하는 신혼부부는 소득 기준을 10%로 완화해 적용하므로 맞벌이는 월평균 소득 140%까지 청약 자격을 얻을 수 있다. 4인 가구 기준 월평균 소득 140%는 872만 원으로 연봉으로 환산하면 1억 464만 원에 달한다.

이러한 소득 요건에 충족한다면 민영 주택으로는 신혼부부 특별 공급을, 공공 주택으로는 신혼 희망 타운에 도전하면 좋다. 단, 분양가가 6~9억 원인 부동산에 한해서이며, 6세 이하 자녀가 있으면 1순위, 자녀가 없으면 2순위이다. 생애 최초 특별 공급은 추첨제이므로 가점이 낮거나 자녀가 없는 신혼부부에게 유리하다. 공공 분양은 분양가 6억 원 이상 신혼 희망 타운에 한해 월평균 소득의 130%(맞벌이

140%)를 적용하며, 현재 민영 주택도 분양가 6억 원 이상인 경우 최대 130%(맞벌이 140%)까지 소득 기준을 완화했다. 2020년부터 적용된 2019년 소득 기준으로 도시 근로자 월평균 소득(130%)은 세전 소득 기준으로 3인 722만 원, 4인 809만 원 선이다.

미계약분은 현장 추첨이나 인터넷 청약을 통해서 신청할 수 있다. 모델 하우스에 미리 방문해서 연락처를 등록한 뒤 예비 당첨이 끝난 뒤 문의해 보자. 미계약 상황을 알 수 있다. 인기의 판가름은 특별 공급과 1순위 접수 상황을 보면 예측이 가능하며, 프리미엄에 관련해서는 현장에 방문해 지역 부동산에 문의하거나 인터넷 카페 등을 보면 알 수 있다. 요즘에는 사이버 모델 하우스로 편하게 볼 수 있지만 되도록 직접 현장에 방문해 보길 바란다. 사진과 영상은 실제와 다르다. 아는 만큼 보인다. 20년간 현장에서 일한 분양 고수의 따끈한 청약 당첨 노하우를 듣고 내 집 마련에 성큼 다가가길 바란다.

서울 청약 당첨 노하우

- 50%를 추첨제로 뽑는 중대형 타입을 노린다.
- 당첨자 발표일이 겹치는 단지를 눈여겨본다.
- 비선호 지역, 비인기 타입을 노린다.
- 특별 공급 대상자에 해당한다면 적극적으로 활용한다.
- 미계약 세대를 노린다.

08 알면 돈 버는 부동산 규제 지도_ 청약, 대출, 세금 총정리

현재 국토교통부는 규제 지역 지정을 통해 부동산 시장 안정을 위한 다양한 정책을 펼치고 있다. 부동산 규제 지역 지정에 대한 내용을 확인하고 이에 따른 효과를 알아보고자 한다. 투기 과열 지구란, 해당 지역의 주택 가격 상승률이 물가 상승률보다 현저히 높은 지역을 지정해 투기 억제를 관리하는 지구를 말한다. 조정 대상 지역은 주택 가격 상승률이 물가 상승률의 2배이거나 청약 경쟁률이 5:1 이상인 지역을 말한다. 부동산 과열을 막기 위해 정부가 주택법에 근거해 지정하는 지역이다. 지정이 되면 강도 높은 부동산 규제를 받게 된다. 아래 자료는 국토교통부가 발표한 부동산 투기 과열 지구(49개) 및 조정 대상 지역(111개)의 규제 지역 현황 기준표이다.

부동산 규제 지역 지정 현황(2020.12.18 기준)

	투기 과열 지구(49개)	조정 대상 지역(111개)
서울	전 지역('17.8.3)	전 지역('16.11.3)
경기	과천('17.8.3), 성남 분당구('17.9.6), 광명, 하남('18.8.28), 수원, 성남 수정구, 안양, 안산 단원구, 구리, 군포, 의왕, 용인 수지구·기흥구, 화성 동탄2[주1] ('20.6.19)	과천, 성남, 하남, 화성 동탄2('16.11.3), 광명('17.6.19), 구리, 안양 동안구, 수원 광교지구('18.8.28), 수원 팔달구, 용인 수지구·기흥구('18.12.31), 수원 영통구·권선구·장안구, 안양 만안구, 의왕('20.2.21), 고양, 남양주[주2], 화성, 군포, 부천, 안산, 시흥, 용인 처인구[주3], 오산, 안성[주4], 평택, 광주[주5], 양주[주6], 의정부('20.6.19), 김포[주7]('20.11.20), 파주[주8]('20.12.18)
인천	연수구, 남동구, 서구 ('20.6.19)	중구[주9], 동구, 미추홀구, 연수구, 남동구, 부평구, 계양구, 서구 ('20.6.19)
부산	–	해운대구, 수영구, 동래구, 남구, 연제구('20.11.20), 서구, 동구, 영도구, 진구, 금정구, 북구, 강서구, 사상구, 사하구('20.12.18)
대구	수성구('17.9.6)	수성구('20.11.20), 중구, 동구, 서구, 남구, 북구, 달서구, 달성군[주10]('20.12.18)
광주	–	동구, 서구, 남구, 북구, 광산구('20.12.18)
대전	동구, 중구, 서구, 유성구 ('20.6.19)	동구, 중구, 서구, 유성구, 대덕구('20.6.19)
울산	–	중구, 남구('20.12.18)
세종	세종('17.8.3)	세종[주11]('16.11.3)
충북	–	청주[주12]('20.6.19)
충남	–	천안 동남구[주13], 서북구[주14], 논산[주15], 공주[주16]('20.12.18)
전북	–	전주 완산구·덕진구('20.12.18)
전남	–	여수[주17], 순천[주18], 광양[주19]('20.12.18)
경북	–	포항 남구[주20], 경산[주21]('20.12.18)
경남	창원 의창구[주22]('20.12.18)	창원 성산구('20.12.18)

주1) 화성시 반송동·석우동, 동탄면 금곡리·목리·방교리·산척리·송리·신리·영천리·오산리·장지리·중리·청계리 일원에 지정된 동탄2 택지 개발 지구에 한함

주2) 화도읍, 수동면 및 조안면 제외

주3) 포곡읍, 모현읍, 백암면, 양지면 및 원삼면 가재월리·사암리·미평리·좌항리·맹리·두창리 제외

주4) 일죽면, 죽산면, 삼죽면, 미양면, 대덕면, 양성면, 고삼면, 보개면, 서운면 및 금광면 제외

주5) 초월읍, 곤지암읍, 도척면, 퇴촌면, 남종면 및 남한산성면 제외

주6) 백석읍, 남면, 광적면 및 은현면 제외

주7) 통진읍, 대곶면, 월곶면 및 하성면 제외

주8) 문산읍, 파주읍, 법원읍, 조리읍, 월롱면, 탄현면, 광탄면, 파평면, 적성면, 군내면, 장단면, 진동면 및 진서면 제외

주9) 을왕동, 남북동, 덕교동 및 무의동 제외

주10) 가창면, 구지면, 하빈면, 논공읍, 옥포읍, 유가읍 및 현풍읍 제외

주11) 건설교통부고시 제2006-418호에 따라 지정된 행정중심복합도시 건설 예정지역으로, 「신행정수도 후속대책을 위한 연기·공주지역 행정중심복합도시 건설을 위한 특별법」 제15조제1호에 따라 해제된 지역을 포함

주12) 낭성면, 미원면, 가덕면, 남일면, 문의면, 남이면, 현도면, 강내면, 옥산면, 내수읍 및 북이면 제외

주13) 목천읍, 풍세면, 광덕면, 북면, 성남면, 수신면, 병천면 및 동면 제외

주14) 성환읍, 성거읍, 직산읍 및 입장면 제외

주15) 강경읍, 연무읍, 성동면, 광석면, 노성면, 상월면, 부적면, 연산면, 벌곡면, 양촌면, 가야곡면, 은진면 및 채운면 제외

주16) 유구읍, 이인면, 탄천면, 계룡면, 반포면, 의당면, 정안면, 우성면, 사곡면 및 신풍면 제외

주17) 돌산읍, 율촌면, 화양면, 남면, 화정면 및 삼산면 제외

주18) 승주읍, 황전면, 월등면, 주암면, 송광면, 외서면, 낙안면, 별량면 및 상사면 제외

주19) 봉강면, 옥룡면, 옥곡면, 진상면, 진월면 및 다압면 제외

주20) 구룡포읍, 연일읍, 오천읍, 대송면, 동해면, 장기면 및 호미곶면 제외

주21) 하양읍, 진량읍, 압량읍, 와촌면, 자인면, 용성면, 남산면 및 남천면 제외

주22) 대산면 제외

출처_국토교통부

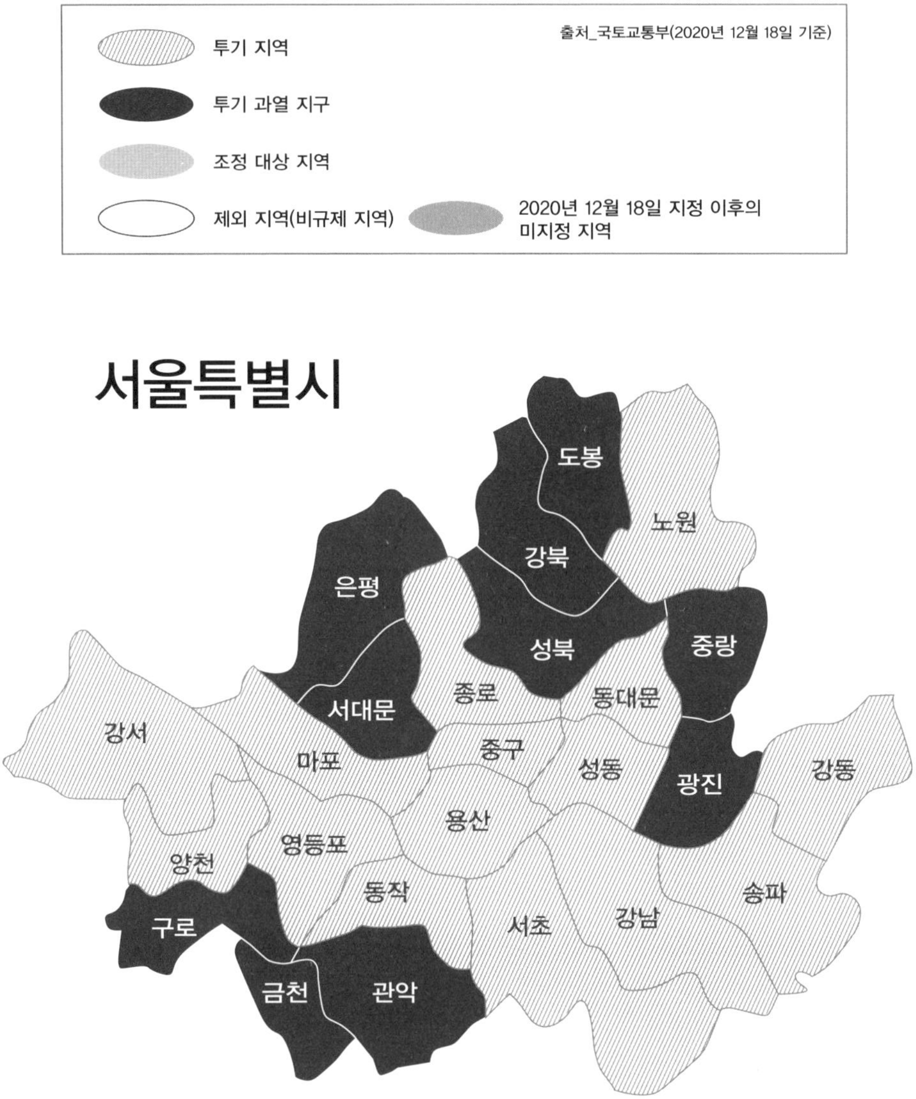
출처_국토교통부(2020년 12월 18일 기준)
투기 지역
투기 과열 지구
조정 대상 지역
제외 지역(비규제 지역)
2020년 12월 18일 지정 이후의 미지정 지역
서울특별시
도봉
노원
강북
은평
성북
중랑
종로
동대문
서대문
강서
마포
중구
성동
강동
광진
용산
양천
영등포
동작
송파
구로
서초
강남
금천
관악

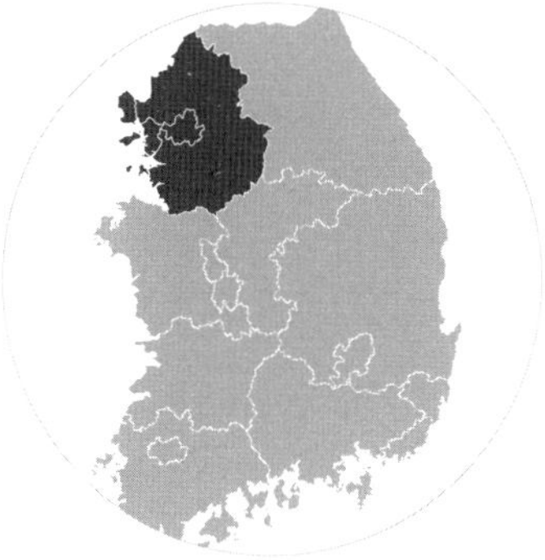

서울경기권

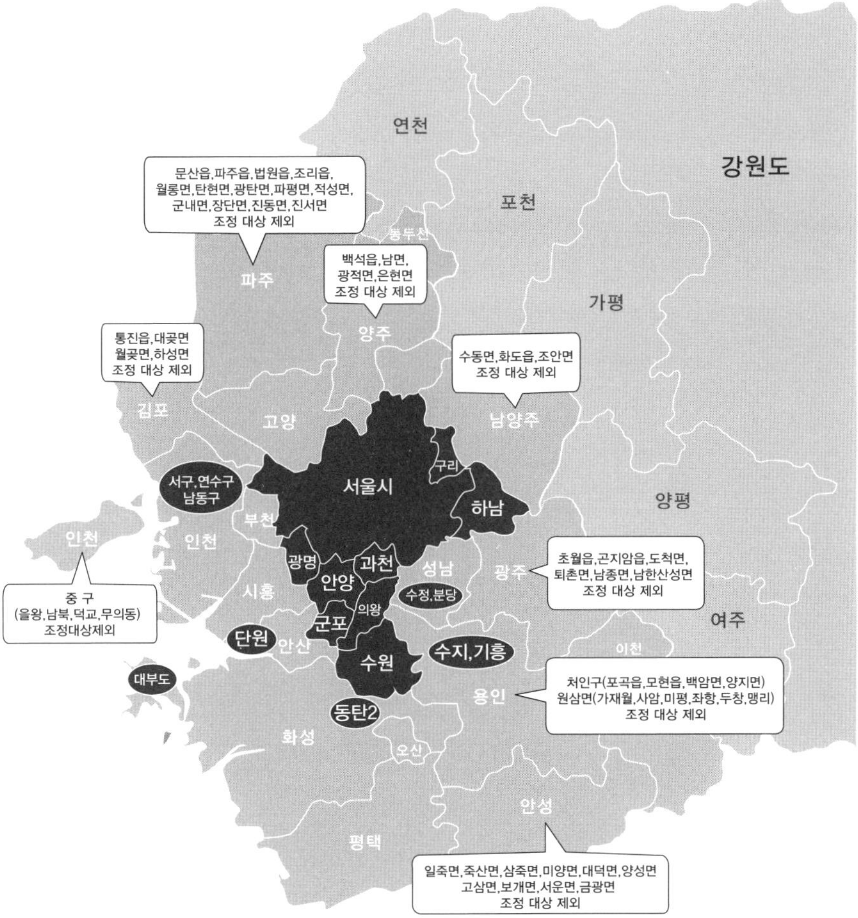

연천
강원도
문산읍,파주읍,법원읍,조리읍,
월롱면,탄현면,광탄면,파평면,적성면,
군내면,장단면,진동면,진서면
조정 대상 제외
포천
동두천
파주
백석읍,남면,
광적면,은현면
조정 대상 제외
가평
양주
통진읍,대곶면
월곶면,하성면
조정 대상 제외
수동면,화도읍,조안면
조정 대상 제외
김포
고양
남양주
구리
서구,연수구
남동구
서울시
양평
하남
부천
인천
인천
광명
과천
성남
광주
초월읍,곤지암읍,도척면,
퇴촌면,남종면,남한산성면
조정 대상 제외
중 구
(을왕,남북,덕교,무의동)
조정대상제외
시흥
안양
수정,분당
의왕
군포
여주
단원
안산
수지,기흥
이천
수원
대부도
처인구(포곡읍,모현읍,백암면,양지면)
원삼면(가재월,사암,미평,좌항,두창,맹리)
조정 대상 제외
용인
동탄2
화성
오산
안성
평택
일죽면,죽산면,삼죽면,미양면,대덕면,양성면
고삼면,보개면,서운면,금광면
조정 대상 제외

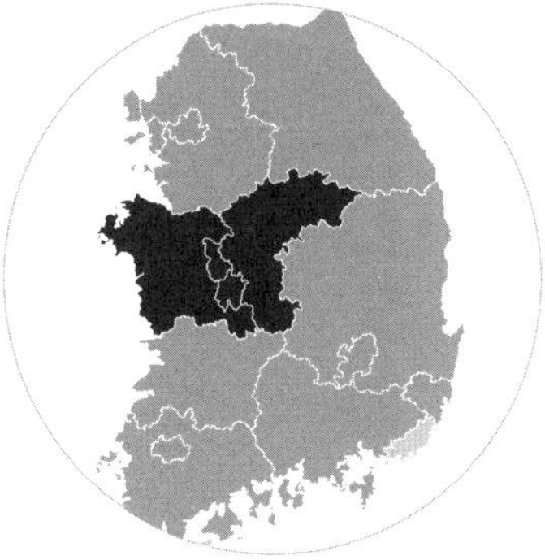

대전충청권

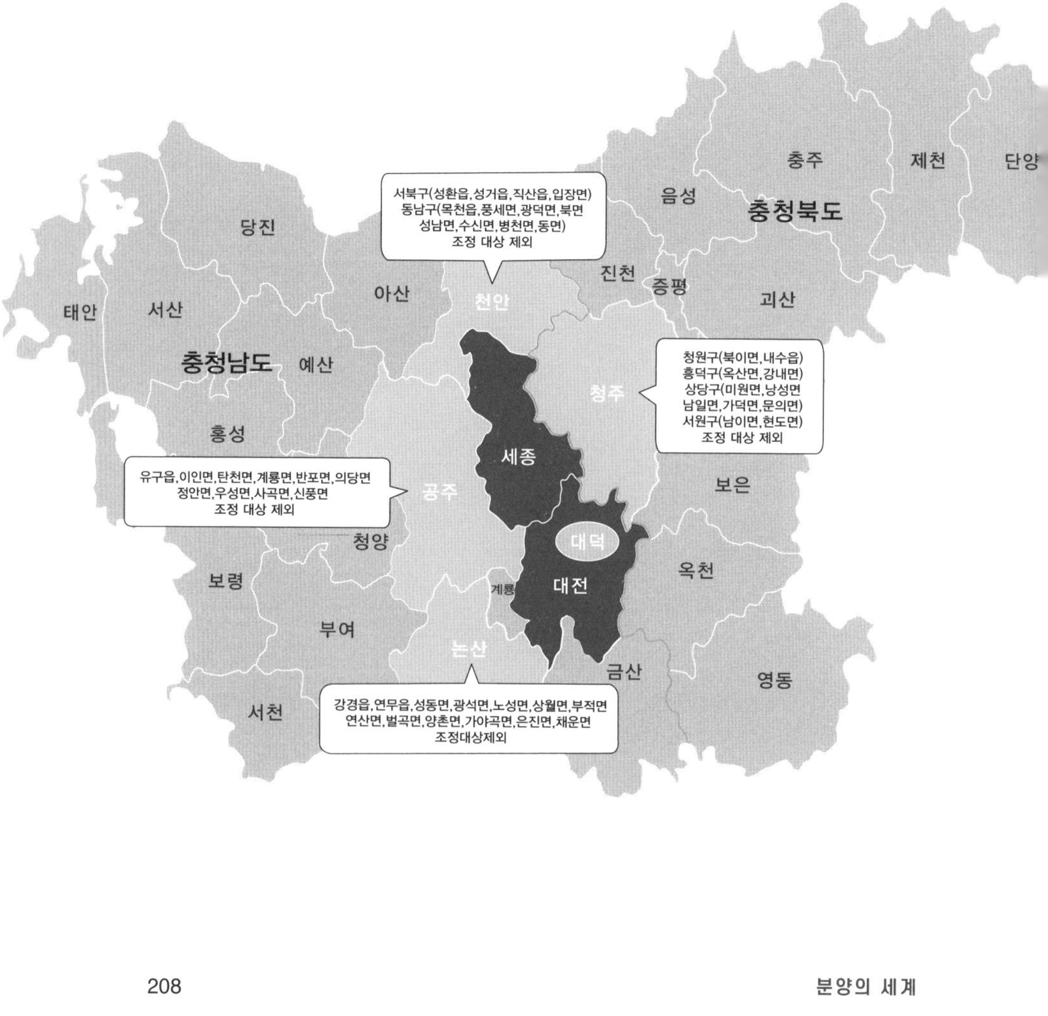

충주
제천
단양
음성
충청북도
당진
서북구(성환읍,성거읍,직산읍,입장면)
동남구(목천읍,풍세면,광덕면,북면
성남면,수신면,병천면,동면)
조정 대상 제외
진천
증평
아산
천안
괴산
태안
서산
충청남도
예산
청원구(북이면,내수읍)
흥덕구(옥산면,강내면)
상당구(미원면,낭성면
남일면,가덕면,문의면)
서원구(남이면,현도면)
조정 대상 제외
청주
홍성
세종
유구읍,이인면,탄천면,계룡면,반포면,의당면
정안면,우성면,사곡면,신풍면
조정 대상 제외
공주
보은
대덕
청양
옥천
보령
계룡
대전
부여
논산
금산
영동
서천
강경읍,연무읍,성동면,광석면,노성면,상월면,부적면
연산면,벌곡면,양촌면,가야곡면,은진면,채운면
조정대상제외

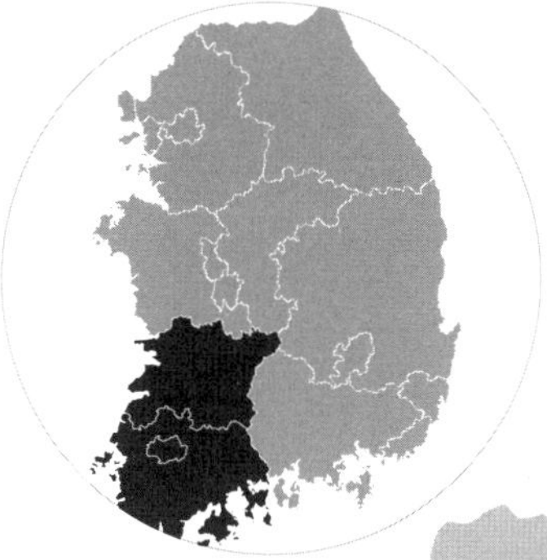

광주전라권

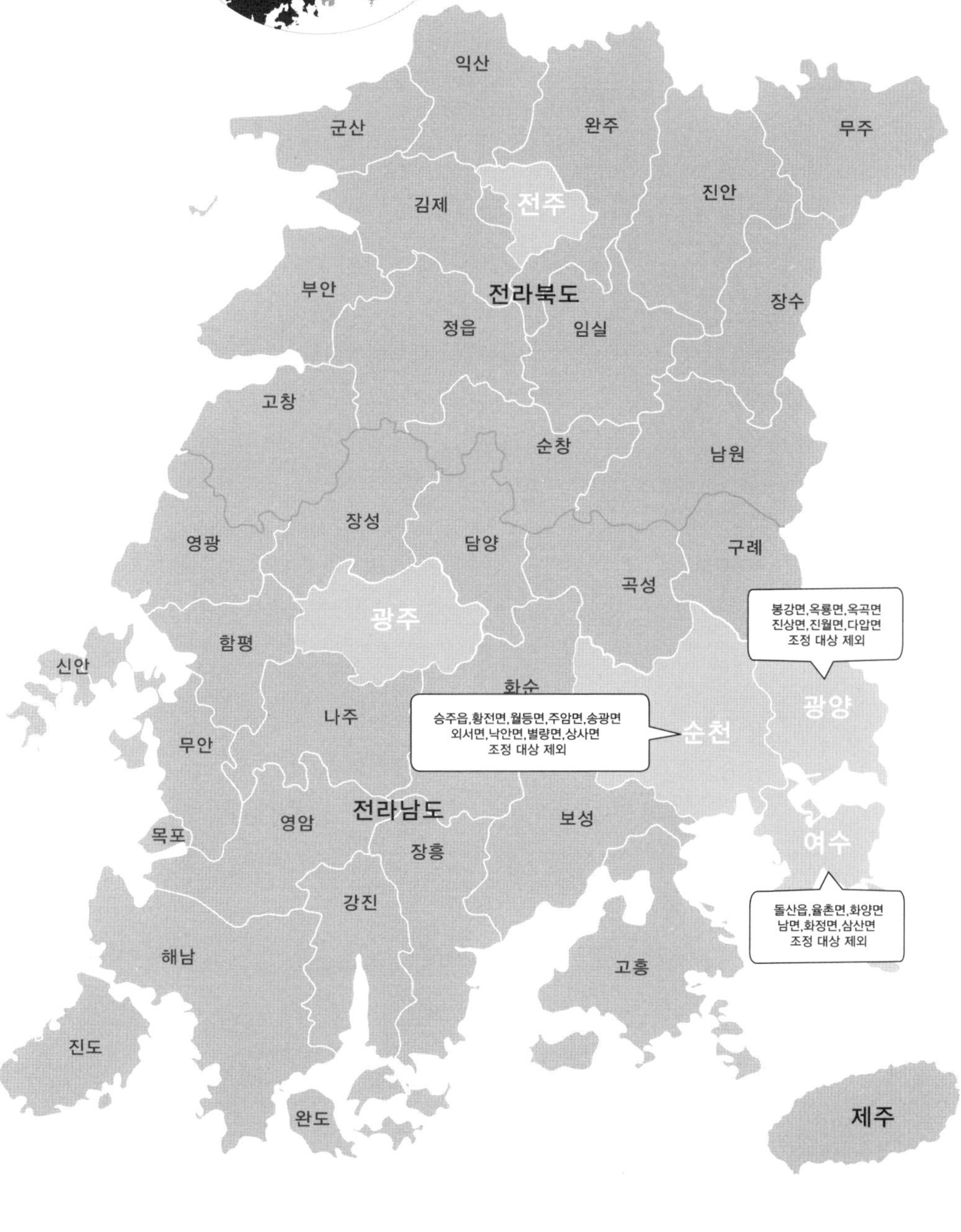
익산
군산
완주
무주
전주
김제
진안
부안
전라북도
장수
정읍
임실
고창
순창
남원
장성
영광
담양
구례
곡성
광주
봉강면,옥룡면,옥곡면
진상면,진월면,다압면
조정 대상 제외
함평
신안
화순
광양
나주
승주읍,황전면,월등면,주암면,송광면
외서면,낙안면,별량면,상사면
조정 대상 제외
순천
무안
전라남도
영암
보성
목포
여수
장흥
강진
돌산읍,율촌면,화양면
남면,화정면,삼산면
조정 대상 제외
해남
고흥
진도
완도
제주

부산경상권

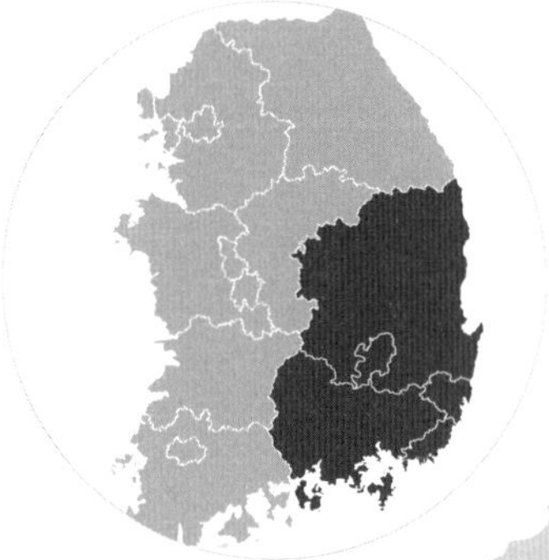

※위 자료는 국토교통부가 2020년 12월18일에 발표한 내용을 기준으로 작성된 것이므로 이후 부동산 정책 변동 시 규제 지역의 내용은 변경될 수 있다.

<table>
<tr><th colspan="2">구분</th><th>투기 지역</th><th>투기 과열 지구</th><th>조정 대상 지역</th><th>비규제 지역</th></tr>
<tr><td rowspan="7">청약</td><td>1순위 자격</td><td colspan="3">• 청약 통장 가입 2년 이상인 자(납입 횟수 24회 이상)
• 세대주(세대 구성원 전원이 5년 내에 아파트 당첨 이력이 없어야 함)
• 무주택자(국민 · 민영 가점제), 1주택자(민영 추첨제)</td><td>• 수도권: 청약 통장 가입 1년 이상인 자(납입 횟수 12회 이상)
• 지방: 청약 통장 가입 6개월 이상인 자(납입 횟수 6회 이상)
• 기존 아파트 당첨 사실과 무관함
• 세대주, 세대원 모두 청약 가능
• 다주택자 청약 가능</td></tr>
<tr><td>가점제와 추첨제 적용 비율</td><td colspan="2">• 85m^2 이하: 가점제 100%
• 85m^2 초과: 가점제 50%, 추첨제 50%</td><td>• 85m^2 이하: 가점제 75%, 추첨제 25%
• 85m^2 초과: 가점제 30%, 추첨제 70%</td><td>• 85m^2 이하: 가점제 40%, 추첨제 60%
• 85m^2 초과: 추첨제 100%</td></tr>
<tr><td>당첨자 재당첨 제한 기간</td><td colspan="2">투기 과열 지구,
분양가 상한제 적용 지역: 10년
청약 과열 지역: 7년</td><td>• 85m^2 이하 과밀억제권역 5년, 그 외 3년
• 85m^2 초과 과밀억제권역 3년, 그 외 1년
(민영 주택의 경우)</td><td>해당 사항 없음</td></tr>
<tr><td>가점제 재당첨 제한</td><td colspan="4">가점제로 당첨된 자 및 당첨된 세대에 속한 자는 2년간 가점제 적용 배제</td></tr>
<tr><td>전매 제한</td><td colspan="2">소유권 이전 등기(최대 5년)
분양가 상한제 적용 주택 전매 제한 기간 강화</td><td>• 1지역: 소유권 이전 등기
• 2지역: 1년 6개월
• 3지역: 공공 택지 1년, 민간 택지 6개월</td><td>공공 택지는 1년,
수도권 민간 택지는 6개월 후 전매 가능</td></tr>
<tr><td>예비 입주자 선정 비율</td><td colspan="2">500%</td><td>300%</td><td>수도권 및 광역시는 300%,
그 외 지방은 40%</td></tr>
<tr><td>공공 분양 청약 자격 조건</td><td colspan="3">• 19세 이상 성년자
• 세대주를 비롯해 세대 구성원 모두가 무주택자인 자
• 세대 구성원 중 재당첨 제한이 없는 자
• 세대주</td><td>• 19세 이상 성년자
• 세대주를 비롯해 세대 구성원 모두가 무주택자인 자
• 세대 구성원 중 재당첨 제한이 없는 자
• 세대주, 세대원 청약 가능</td></tr>
</table>

구분		투기 지역	투기 과열 지구	조정 대상 지역	비규제 지역
대출	주택 담보 대출	• 세대당 1건 • LTV: 9억 이하 40%, 9억 초과 20%, 15억 초과 0%(서민 실수요자는 10%P 우대) • DTI: 40%(서민 실수요자는 10%P 우대)		• 세대당 1건 • LTV: 9억 이하 50%, 9억 초과 30%(서민 실수요자는 10%P 우대) • DTI: 50%(서민 실수요자는 10%P 우대)	세대당 2건
	중도금 대출	분양가 9억 이하 주택 1건			최대 2건
	기존 주택 처분 조건	• 1순위 청약 시: 입주 후 6개월 이내에 기존 주택을 처분해야 한다. 처분 조건으로 당첨된 분양권을 팔고 기존 주택을 팔지 않으면 팔았던 분양권은 공급이 최소되며, 기존 주택을 팔지 않으면 500만 원 이하의 과태료 처분, 고의적일 경우에는 3,000만 원의 벌금 또는 3년 이하의 징역에 처한다. • 중도금 대출 시: 입주 후 2년 이내에 기존 주택을 처분해야 한다. 1주택자가 규제 지역에서 중도금 대출을 받기 위해서는 기존 주택 처분 조건 승낙일 경우 대출이 가능하며, 처분 조건으로 중도금 실행한 분양권을 팔면 기존 주택 역시 처분 조건이 유효하므로 입주 가능일로부터 2년 이내에 주택 처분을 완료해야 한다. 처분 조건을 걸고 기존 주택을 팔지 않으면 대출금을 즉시 회수하고 3년간 대출이 금지된다.			3년 이내에 기존 주택을 처분해야 한다.

<table>
<tr><th colspan="2">구분</th><th>투기 지역</th><th>투기 과열 지구</th><th>조정 대상 지역</th><th>비규제 지역</th></tr>
<tr><td rowspan="4">세금</td><td>분양권
전매 시
양도 소득세</td><td colspan="3">분양권 소유 이전 등기 시까지 전매가 금지되며,
소유권 이전 등기 시 양도 세율 50%가 일괄 적용된다.
(보유 기간 관계없음)</td><td>분양 시점 2년 후 양도세는 일반 적용되며, 1년 이내는 50%, 1년 이상~2년 미만은 40%, 2년 이상은 6~40%가 적용된다.</td></tr>
<tr><td>1세대 1주택
양도세
비과세 조건</td><td colspan="3">2년 보유, 2년 거주한 자에 한하며, 조정 대상 지역 지정일 이후 신규 취득한 주택부터 적용된다. 조정 대상 지정일 이전에 취득한 주택은 2년 보유 요건만 충족하면 된다.</td><td>2년 보유
거주 요건 없음</td></tr>
<tr><td>다주택자
분양권
주택 수
산정 조건
(2021년 1월
이후)</td><td colspan="3">2021년 1월 1일 이후 분양권을 취득하여 양도 시 분양권도 주택 수에 포함된다. 비규제 지역(1주택)과 조정 대상 지역(1주택)의 경우, 조정 대상 지역 주택을 먼저 매도하면 양도세 중과에 해당한다(장기 보유 특별 공제 적용×).
단, 비규제 지역 주택부터 매도 시 양도세 중과에 해당하지 않는다(규제 지역 내 주택 양도 시 중과 적용).

* 2020년 12월 31일까지 취득한 분양권은 양도 시 주택 수에 포함되지 않는다. 양도세 중과 해당 없음.</td><td></td></tr>
<tr><td>다주택자
양도세
중과 대상
(2021년 6월
이후)</td><td colspan="3">종전에는 기본 세율(4~62%)에 2주택은 10%, 3주택은 20%가 중과되었지만, 2021년 6월 이후부터는 2주택은 20%, 3주택 이상은 30%의 세율이 중과되며, 10억 초과 시 45% 기본 세율이 추가 적용된다.

* 조정 지역 내 10억 이상의 3주택 이상 보유 시, 45% 기본 세율+30% 중과율을 책정해 총 75%의 세율이 적용된다. 적용 대상은 아파트, 다세대, 오피시텔, 단독 주택, 입주권, 분양권 등이다.</td><td></td></tr>
<tr><td>기타</td><td>자금 조달
계획서</td><td colspan="3">주택 가격과 관계없이 모든 주택 거래 시 적용하며, 자금 출처와 관련한 준비와 기존 주택 보유 현황, 현금 증여 등 신고 항목이 확대되었다. 9억 원 초과 구입 시 증빙 서류는 최대 15가지이며, 계약일로부터 30일 이내에 제출해야 한다.</td><td>개인은 6억 이상 주택 취득 시 의무적으로 제출해야 하며, 법인은 모든 거래 시 제출 확대를 시행한다.</td></tr>
</table>

자금 조달 계획서 기재 항목별 증빙 자료

기재 항목		증빙자료
자기 자금	금융기관 예금액	예금 잔액 증명서 등
	주식·채권 매각대금	주식 거래 내역서, 잔고 증명서 등
	증여·상속	증여·상속세 신고서, 납세 증명서 등
	현금 등 그 밖의 자금	소득 금액 증명원, 근로 소득 원천 징수 영수증 등
	부동산 처분 대금 등	부동산 매매 계약서, 부동산 임대차 계약서 등
차입금 등	금융 기관 대출금 합계	금융 거래 확인서, 부채 증명서, 대출 신청서 등
	임대 보증금 등	부동산 임대차 계약서
	회사 지원금·사채, 기타 차입금 등	금전 차용을 증빙할 수 있는 서류 등

Appendix 3. MBTI 유형별 내 집 마련 스타일

1. 카카오톡에서 돋보기 모양을 누르세요.
2. 오른쪽 네모 모양을 누르고 QR코드를 스캔하시면 됩니다.
3. 브라우저 열기를 누르시면 주거 관련 MBTI 테스트가 나옵니다.

MBTI 유형별 내 집 마련 스타일을 확인해 보세요!

어떤 성격 유형이 돈을 잘 벌까? 미국의 사회 심리 조사 단체인 트루이티가 성인 7만 여 명을 대상으로 한 조사에 따르면, 가장 돈을 많이 버는 성향은 'ENTJ(지도자형)' 인 것으로 나타났다. ENTJ 성향의 사람의 평균 소득은 5만 9,993달러였고, 반대로 가장 낮은 소득을 기록한 성향은 'INFP(잔다르크형)' 유형으로 평균 소득이 3만 3,736달러였다. 두 성향의 평균 소득 차이는 무려 2만 6,257달러로 한화로는 약 3,100만 원 정도에 달한다. 또한 연구 결과에 따르면 성향에 맞는 일을 하는 사람의 수입이 그렇지 않은 사람보다 훨씬 높았다.

최근 들어 높은 관심을 받고 있는 MBTI는 마이어스와 브릭스가 스위스의 심리학자 융의 심리 유형론을 토대로 고안한 성격 유형 검사 도구이다. MBTI 성격 유형은 크게 네 가지 지표가 있다. 에너지의 방향성을 나타내는 '외향-내향(E-I) 지표', 정보 수집을 포함한 인식 기능을 나타내는 '감각-직관(S-N) 지표', 수집한 정보를 토대로 판단하고 결정하는 '사고-감정(T-F) 지표', 인식 기능과 판단 기능을 바탕으로 한 라이프 스타일을 보여 주는 '판단-인식(J-P)' 지표이다. MBTI는 이 네 가지 선호 지표의 조합된 양식을 통해 열여섯 가지 성격 유형을 설명함으로써, 성격적 특성과 행동의 관계를 이해하는데 도움을 준다. 평소 나의 성격 유형이 궁금하다면 각각의 유형별로 자가진단을 해보자.

※ 해당 MBTI 검사 및 결과는 정식 검사 지표와 전문의가 분석한 내용이 아니며, 유형 별 특징을 바탕으로 재미로 소개 하는 참고 사례이다. 응답자의 기분이나 심리 상황에 따라 검사 결과가 바뀔 수도 있기 때문에 절대적인 신뢰는 금물이다.

MBTI 유형 소개

- 에너지의 방향 -

Extraversion (외향형) ↔ **Introversion (내향형)**

단체 활동을 좋아하며 사교적이고 생각 표출을 선호

개인 활동을 선호하며 신중하고 혼자 생각하는 것을 선호

- 인식 방식 -

Sensing (감각형) ↔ **iNtuition (직관형)**

실제 경험을 중시하며 실용적인 것을 선호

이상적이고 미래 지향적이며 직관에 의존하는 경향

- 판단 방식 -

Thinking (사고형) ↔ **Feeling (감정형)**

논리적이고 분석적이며 목표와 효율성을 중시 사실과 진실에 관심

공감적이고 포괄적이며 상황을 중시 대인관계, 사람에 관심

- 생활 양식 -

Judging (판단형) ↔ **Perceiving (인식형)**

분명한 목적과 방향을 중시 계획적으로 철저한 것을 선호

상황에 맞는 변화를 중시 즉흥적이고 융통성 있는 것을 선호

· ISTP_ 의외의 행동파! 발품 팔아 임장형

(유명인 / 톰 크루즈, 제임스 딘, 클린트 이스트우드, 전지현)

집중력이 좋고, 논리와 분석을 통해서만 확신한다. 장인 정신이 있으며, 이들은 혼자만의 시간과 공간을 필요로 하므로 내 집을 마련할 때도 독립적인 공간을 중요시한다.

· ISFP_ 조언이 필요해! 주변 상담형

(유명인 / 베토벤, 메릴린 먼로, 마이클 잭슨, 김수환)

조용하고 상냥하며 따뜻한 솜털 같은 사람들이다. 결정을 꺼리고 실질적인 수행을 어려워한다. 집을 볼 때도 주변의 도움을 필요로 한다.

· ESTP_ 느낌 오면 계약 먼저! 스피드 계약형

(유명인 / 고갱, 에디 머피, 마돈나, 브루스 윌리스)

현실에 기반을 두고 적응하며, 사람들과의 접촉을 필요로 한다. 현 상태에 민감하고 유행에도 관심이 많아서 집을 장만을 할 때도 트렌드에 따른다.

· ESFP_ 장점만 보여! 만사 OK형

(유명인 / 골디 혼, 밥 호프, 김경식, 김미화, 백지영)

현실에 대한 수용력과 너그러운 마음으로 인간적인 면모가 뛰어난 사람이다. 그러나 장기적인 결정을 할 때는 스트레스를 받기 때문에 집 장만에 어려움을 느끼고, 전세일지라도 마음에 든다면 현실에 만족한다.

· ISTJ_ 내 집 마련은 인륜지대사! 꼼꼼형

(유명인 / 조지 워싱턴, 조지 부시, 신사임당)

일이 시작되면 철저히 계획하고 책임감을 느낀다. 걸어 다니는 육법전서라 할 만큼 원칙적이므로 집을 장만할 때도 꼼꼼하고 세심하게 계획하고 추진해 성사한다.

· ISFJ_ 돌다리도 두들겨 보고 건너자! 신중형

(유명인 / 마이클 조던, 엘리자베스 여왕 3세)

자기만의 공간에서 확신이 들 때까지 생각을 정리하는 유형이므로 집을 구할 때도 신중하며 세심하다. 정보를 찾아 확인하는 데에 수고를 아끼지 않는다.

· ESFJ_ 정보는 나눌수록 빛난다! 정보 공유형

(유명인 / 빌 클린턴, 대니 글로버)

온화하며 의사소통, 정신적인 것을 추구하는 인간 지향적인 사람들이다. 이들은 네트워크와 정보 수집을 통해 집을 장만한다. 또한 자신의 정보를 네트워크화해서 전달하는 데에 수고를 아끼지 않는다.

· ESTJ_ 내 집 마련도 사업처럼! 투자 성과형

(유명인 / 해리 S 트루먼, 존 D 록펠러)

리더십을 발휘하고 조직을 관리하는 이들은 현실적이고 실용적이다. 집을 장만할 때에도 개인의 성공과 안정, 생산성을 추구한다. 집 장만을 위한 어느 정도의 과감한 투자도 가능하다.

· INTJ_ 발품 팔기 전에 머리를 쓰자! 전략적 정보 분석형
(유명인 / 줄리어스 시저, 존 F. 케네디, 서태지)

전략적인 사고와 분석을 선호하므로 직접 발품을 팔기보다 인터넷 등을 통한 사전 공부와 정보를 근거로 집을 선택한다. 이들에게는 지적인 정보가 중요하다.

· INTP_집은 사색의 공간! 나 혼자 산다형
(유명인 / 뉴턴, 소크라테스, 아인슈타인, 메릴 스트리프)

독립적인 공간에서 자기만의 고요한 시간을 즐기는 유형이다. 호불호가 분명한 아파트의 탑 층이나 한가로운 단독 주택을 선호한다.

· ENTJ_ 너는 계획이 다 있구나! 플래너형
(유명인 / 히틀러, 빌 게이츠, 우피 골드버그, 숀 코널리, 짐 캐리)

타고난 지도력을 발휘하는 유형. 무엇이든 계획하고 추진한다. 집을 마련할 때에도 결혼, 양육, 교육 등에 따라 미리 일정을 세운다.

· ENTP_ 나는 집 선택도 남들과 달라! 마이웨이형
(유명인 / 토머스 에디슨, 앨프레드 히치콕, 톰 행크스)

창의적이고 아이디어가 많다. 자신의 가치관과 정체성이 중요한 유형이다. 집을 마련할 때도 나의 주관이 1순위다. 가령 자녀의 정서를 위해서 도심을 떠나 한가로운 전원을 선택하는 것에 망설임이 없다.

· INFJ_ 주변 사람의 의견을 듣는다! 친구 따라 강남 가는 형
(유명인 / 마틴 루터 킹, 마이어 박사, 리차드 기어, 윤동주)

자기 생각과 신념이 분명하지만, 타인과의 관계 또한 중요시한다. 주변 인간관계와 가족의 현재 상황을 고려한 뒤 주거 환경을 결정한다.

· INFP_ 집은 머무는 공간일 뿐! 무소유형

(유명인 / 셰익스피어, 헬렌 켈러, 줄리아 로버츠, 김정일, 이건희)

자유로운 영혼의 소유자이다. 상황에 구속받는 것을 싫어해서 현실적인 욕구보다는 순리에 맞춰 집을 장만하고자 한다. 느긋한 성향이라 내 집 마련에도 급급해하지 않는다.

· ENFJ_ 집보다 사람이 먼저! 관계 지향형

(유명인 / 로널드 레이건, 링컨, 진 핵크만)

언어 능력이 탁월하고 사람과의 관계를 통해서 에너지를 받는 유형이다. 집을 고를 때도 한가로운 전원보다는 만남에 용이한 교통과 인프라가 좋은 곳을 선호한다.

· ENFP_ 인생은 느낌 대로, 집도 느낌 대로! 직감형

(유명인 / 로빈 윌리엄스, 산드라 블록, 심형래)

따뜻하고 명랑한 반면 충동적인 부분이 많다. 준비된 정보와 합리적인 계획보다는 '이거다!' 느낌이 오면 집을 구입한다.

부록

박 본의 클래스 리뷰

Class Review 1. 일에 대한 보람이 보상으로 돌아오다

Q. 본인을 소개해 주세요.

안녕하세요. 저는 강남의 한 부동산 사무실에서 일하다가 현재 분양업에 종사하고 있는 남성입니다. 저는 학력도 좋지 않고, 토익 같은 인증 시험과는 거리가 멀었지만, 일찍부터 아르바이트와 장사를 해서 친화력이 좋고 눈치가 빨라 사람을 만나서 하는 일은 성과가 좋은 사람이에요.

Q. 어떻게 분양 영업을 시작하셨나요?

저는 원래 부동산 사무실에서 일하며 계약을 곧잘 따오던 직원이었어요. 그러나 계약 성공률에 비해 수수료가 적어서 늘 보상에 대한 갈증이 있었습니다. 가장 비싼 물건을 판다는 자부심도 있었지만, 일에 대한 보람에 비해 수익이 크지 않았죠. 그러다가 분양업을 알게 되어 관련 분야에 있는 사람을 많이 만나 보았어요. 그러나 생각보다 수익의 편차가 크다고 느껴 막상 도전하려니 망설여졌습니다. 진입은 쉽지만 누구나 돈을 버는 건 아니었기에 꼼꼼히 알아보고 시작해야겠다고 생각했지요. 그러다가 4년 전에 우연히 용인의 롯데 모델 하우스에 고객을 모시고 갔다가 박 본부장님을 만나게 되었습니다. 여자 본부장이라는 것도 신선했지만, 말씀과 이미지에서 신뢰감이 느껴졌습니다. 그때부터 무턱대고 박 본부장님을 따라다녔어요. 박 본부장님은 교육하실 땐 정말 꼼꼼하고 무서운 분이세요. 그러나 제가 오랫동안 뵌 박 본부장님은 정이 많고 인간적인 분입니다.

Q. 현재 수입에 만족하시나요?

수입에 대한 욕심은 끝이 없지만, 과거에 비한다면 훨씬 만족합니다.

Class Review 2. 다시 하이힐을 신다

Q. 본인을 소개해 주세요.

안녕하세요. 저는 보험 영업 분야에서 일하다가 분양 상담사로 일한 지 1년 조금 안 된 주부입니다.

Q. 어떻게 분양 영업을 시작하셨나요?

저는 전형적인 경력 단절 여성이에요. 출산 후 보험 영업을 해 보다가 우연히 온·오프믹스에서 진행하는 '경단녀들의 제2의 역전 드라마'라는 세미나를 듣게 되었고, 분양 영업이라는 일을 알게 되어 바로 컨설팅을 신청했어요. 사실 저는 기본적으로 돈에 관심이 많아서 부동산에 관심이 있었고, 아이를 돌보면서도 고수익을 얻을 수 있다는 점에 끌렸어요. 제2의 직업으로 삼아 볼 만 하겠다 싶었죠. 그리고 제가 직접 발로 뛰지 않고, 모델 하우스에 방문하는 고객을 대상으로 한다는 점도 마음에 들었죠. 하지만 직접 이 일을 해 보니 욕심이 생겨 점점 발로 뛰며 홍보를 하게 되었어요. 홍보 방법은 박 본부장님께서 맞춤형으로 잘 추천해 주셨습니다. 두려움을 떨칠 수 있었어요.

Q. 교육은 어떤 식으로 받으셨나요?

5주에 걸쳐 일주일에 한 번씩 교육을 받았고, 수업 종결 후 박 본부장님께서 일주일에 한두 번씩 직접 현장에 방문하셔서 고객 응대 방법, 홍보 방법, 브리핑 방향, 셀링 포인트 등을 코칭해 주셨습니다. 사실 교육 내용을 현장에 적용하는 게 어려웠는데, 출근한 지 20일 째 되는 날 박 본부장님이 현장에 방문해 주셨고, 처음부터 끝까지 고객을 함께 맞아 주신 덕분에 첫 계약을 따냈어요. '이거구나!' 딱 감이 왔어요.

Q. 현재 수입에 만족하시나요?

네. 구체적으로는 첫 달에 380만 원을 벌었고, 다음 달에 210만 원을 벌었어요. 그리고 지금은 기본적으로 300~600만 원 정도 벌어요. 시작한 지 1년이 안 되었는데 이 정도면 괜찮다고 생각해요. 실제로 현장에는 저보다 많이 버는 분도 계시고, 저보다 경력이 있으신 데도 적게 버는 분도 계세요. 본인 역량에 따라 편차가 큰 직종이라는 생각도 들어요.

Q. 왜 이곳을 선택하셨나요?

힘들게 공인 중개사 자격증을 따서 사무실까지 내고도 힘들어하는 분을 뵌 적이 있어요. 그리고 저는 공인 중개사 자격증을 딸 엄두도 나지 않았어요. 자신이 없었거든요. 그러다가 이 분야는 특정 자격증이나 경력이 없어도 된다고 하니 딱 맞았죠. 게다가 저는 현실적으로 돈을 버는 법을 배우고 싶었어요.

처음에는 언론사에서 주관하는 곳을 찾아갔어요. 신뢰는 있었지만, 교장 선생님 같은 중후한 강사분들을 보니 거리감이 느껴졌습니다. 그리고 저는 무엇보다 이론에서 끝나는 게 아니라, 현장 취업까지 연계되기를 희망했거든요. 그러다가 박 본부장님이 계신 곳을 찾게 되었어요. 현업에 계시니 도움을 받을 수 있으리라 생각했지요. 실제로도 교육 후에 연계가 되었고요. 박 본부장님은 외모도 출중하시지만, 홍보 방법부터 효율적인 고객 응대까지 현실적인 조언을 아끼지 않는 분이세요. 때로는 눈물이 날 정도로 독설을 날리시지만, 현장에 나가 보니 왜 그러셨는지 알겠더라고요. “내 주머니에 들어와야 내 돈.”, “우리는 학교에 다니는 학생이 아니다. 소중한 가족을 책임질 수 있는 진짜 어른이 되어야 한다.”라는 말씀이 가장 기억에 남네요. 본부장님께 현장 소개도 받고, 특별히 신경 써 주셔서 감사할 따름입니다.

Class Review 3. 사라진 내 이름을 찾다

Q. 본인을 소개해 주세요.

안녕하세요. 저는 송파구에 사는 열성 엄마이자, 분양 상담업을 하며 새로운 삶을 사는 여성입니다. 이 일을 통해 제 이름 석 자를 되찾은 것 같아 즐거워요.

Q. 어떻게 분양 영업을 시작하셨나요?

저는 결혼을 일찍 했어요. 자식 뒤치닥꺼리에 집안일만 하다가 아들을 군대 보내고 나니 삶이 허무해졌어요. 100세 시대라고 하는데 앞으로 무엇을 해야 하나 막막해지기도 하고요. 그래서 이런저런 자격증을 알아보다가 공인 중개사 강의를 듣기 시작했어요. 그런데 몇 번 나가 보니 창피해서 못 다니겠더라고요. 수업 시간마다 잠이 쏟아졌거든요. '늦게 공부한다는 게 이렇게 어려운 거구나.' 새삼 실감했네요. 그러다가 '박 본부장의 모델 하우스 탐방 세미나'를 알게 되어 반신반의하며 듣게 되었습니다.

Q. 교육은 어떠셨어요? 어렵고 졸리지 않으셨나요?

첫 수업부터 제 마음을 읽는 듯한 말씀도 좋았고, 두 번째 시간부터는 이 일을 배우고 싶다는 확신이 생겼어요. 나에게 필요한 게 무엇인지 확실히 깨달았습니다. 게다가 이론을 실 사례와 연결해 교육해 주시니 귀에 쏙쏙 들어왔어요. 특히 돈 이야기에 눈이 번쩍 뜨이고, 어렵게만 느껴졌던 부동산에도 관심이 생기더라고요. 이후로 스스로 공부하고 있는 제 모습을 발견했습니다. 세율 계산처럼 어려운 내용도 하나하나 사례를 들어 설명해 주시니까 교육 과정이 머리에 잘 들어왔어요. 연필 놓은 지 한참 되는데 이렇게 재미있게 공부를 한 적은 실로 오랜만이었습니다.

Class Review 4. 47일 만에 700만 원 벌었습니다

Q. 본인을 소개해 주세요.

안녕하세요. 분양 영업 경력 3년 차에 접어든 팀장입니다.

Q. 어떻게 분양 영업을 시작하셨나요?

저는 원래 법인을 상대로 하는 보험업에 종사했습니다. 주 거래처가 쌍용의 하청 업체였는데, 쌍용 자동차가 중국으로 넘어가면서 같이 무너졌어요. 할 수 없이 재취업을 해야 했죠. 그러다가 지인에게 박 본부장님을 소개 받았어요. 한 달간 박 본부장님께 분양 상담 훈련을 받은 뒤, 바로 현장에서 일하게 되었습니다.

Q. '분양 상담사'라는 직업을 전부터 알고 계셨나요? 어떻게 분양 상담사라는 일을 결심하셨나요?

돈을 많이 벌고 싶어서 시작했죠. 그때까지만 해도 모델 하우스는 지나가면서 보기만 했지 관심 밖이었어요. 분양받을 형편도 못 되니 모델 하우스 안에는 들어가 보지도 않았죠. 분양 상담사라는 직업도 박 본부장님을 통해 처음 접했어요. 그때 박 본부장님이 이 일은 하기 나름이지만, 기본적으로 한 달에 300~400만 원 정도는 벌고, 열심히 하면 한 달에 700~1,000만 원도 벌 수 있다고 하셨어요. 저도 보험 일을 해서 사람을 많이 만나 보았기에, 이분의 말이 거짓이 아니라는 걸 바로 알았죠. 그리고 그 믿음은 적중했습니다. 박 본부장은 시작한 지 딱 47일 만에 제가 700만 원을 벌게 해 주셨어요. 부동산의 '부' 자도 모르는 제가 말이죠. 참 감사했어요. 무엇보다 경제적으로 가장 힘들 때 다시 일어날 수 있게 해주셨으니 제 은인입니다.

Class Review 5. 청년 취업난을 뚫어 준 돌파구

Q. 본인을 소개해 주세요.

안녕하세요. 저는 올해로 29살이 된 여성입니다.

Q. 분양 상담사라는 일을 어떻게 알게 되셨나요?

저는 취업준비생이었어요. 제 전공과 스펙으로는 대기업 취직은 꿈도 못 꿀 것 같아서 자격증을 준비하며 과외 아르바이트를 하다가, 학생 어머니의 소개로 모델 하우스 아르바이트를 하게 되었어요. 시간도 있었고, 용돈이라도 벌 수 있겠다 싶어서 처음으로 모델 하우스라는 곳에 가 보았습니다.

모델 하우스에 가니 참 화려하고 멋있더라고요. 첫인상이 좋았어요. 그곳에서 일하는 분들도 멋있어 보였고요. 하지만 아르바이트생이었기에 저와 거리가 먼 일로만 생각했죠. 제가 모델 하우스에서 했던 아르바이트는 계약 서류 복사였어요. 그러던 어느 날, 굉장히 놀라운 이야기를 들었어요. 사람들이 어떤 상담사 분을 가리키며 "저분이 이 달에 1,000만 원을 넘게 벌었어. 부럽다." 말씀하시는 거예요. 제 어머니 연배인 50대의 평범한 아주머니가 월 1,000만 원을 버신다고 해서 깜짝 놀랐어요. 새로운 세상을 본 듯한 느낌이랄까요? 그때부터 모델 하우스를 다시 보게 됐어요. 사람들에게 분양 상담사에 대해 여쭤봤더니 '고객과의 상담을 통해 부동산 분양 계약을 창출하는 사람'이라고 하더군요. 수당은 일비 상담사도 있고, 계약 건별로 수수료를 적용하는 인센티브 제도도 있었어요. 물론 그때 곧바로 일을 시작한 건 아니지만, 그 강렬한 50대 분양 상담사 덕분에 이 일을 하게 됐다고 해도 과언이 아니에요. 처음에는 전혀 아는 바가 없어서 고민이 많았어요. 게다가 저는 나이도 어렸고요. 하지만 박 본부장님께 분양 영업에 대해 배우니 길이 보였습니다. '나도 할 수 있고, 해낼 수 있다.'라는 용기를 얻었고, 행동으로 옮길 수 있었습니다. 감사드려요.

〈성공분양파트너〉 교육 커리큘럼

종류	대상
1:1 교육 상담	분양업에 관심이 있거나 도전해 보고 싶은 분
1일 특강	현업에 있는 분양 왕초보 분과 분양업에 입문하고 싶은 분
원 포인트 레슨	배워서 바로 써먹는 알찬 원 포인트 레슨을 받고 싶은 분
프리미엄 교육	단 몇 시간의 강의로 수천 시간 이상 투자해야 얻을 수 있는 노하우와 경험을 얻고 싶은 분
1:1 맞춤 진단 컨설팅	상담자의 니즈 및 개별 진단에 따라 컨설팅 내용 설계 후 상담 진행하실 분

※ '성공 분양 파트너'에서는 실전에 필요한 교육을 기본 원칙으로 합니다.
상담이 필요하신 분은 연락 주시면 친절하게 안내해드리겠습니다.

카카오톡 문의 : @성공분양파트너